• 经济管理学术文库 •

银行资本监管研究

The Study of Bank Capital Regulation

刘 夏 蒲勇健／著

经济管理出版社
ECONOMY & MANAGEMENT PUBLISHING HOUSE

图书在版编目（CIP）数据

银行资本监管研究/刘夏，蒲勇健著．—北京：经济管理出版社，2009.2

ISBN 978 - 7 - 5096 - 0330 - 7

Ⅰ．银…　Ⅱ．①刘…②蒲…　Ⅲ．银行监督—研究
Ⅳ．F830.2

中国版本图书馆 CIP 数据核字（2009）第 011544 号

出版发行：**经济管理出版社**

北京市海淀区北蜂窝 8 号中雅大厦 11 层

电话：（010）51915602　邮编：100038

印刷：世界知识印刷厂　　　　　　经销：新华书店

组稿编辑：王光艳	责任编辑：王光艳
技术编辑：杨国强	责任校对：陈　颖

710mm×1000mm/16	10.75 印张	187 千字
2009 年 3 月第 1 版	2009 年 3 月第 1 次印刷	

定价：35.00 元

书号：ISBN 978-7-5096-0330-7

前　言

在当今世界绝大多数国家或地区的所有经济部门中，银行作为货币的创造者、公共资金储蓄的主要受托人、信贷的首要分配者、国家分配系统的管理者，占据了独一无二的显要地位，是最基本和最重要的金融机构，但也是最容易引发系统危机的部门。20 世纪 70 年代，金融危机及银行破产表现为拉美债务危机，对拉美的银行造成了冲击；80 年代早期，金融危机及银行破产主要发生在智利和摩洛哥；90 年代初，金融危机及银行破产事件主要发生在瑞典、芬兰、挪威以及大多数转型中的社会主义经济体中；1994～1995 年，金融危机主要席卷委内瑞拉、巴西和墨西哥；1997 年的东亚、泰国、印度尼西亚以及其他多个亚洲国家的金融危机，致使许多金融机构和银行遭到全国性流动危机的打击而关门歇业或破产，影响之广甚至波及遥远的巴西；2002 年，金融危机不仅使阿根廷的金融系统崩溃，而且还引起该国政治制度和社会秩序的全面瓦解；2007 年美国次级抵押贷款引发的金融危机是 1929 年经济大萧条之后最大的一次全球性金融危机，截至目前危机还在不断向金融领域扩散，同时对实体经济的冲击开始显现，正在把全球经济推向衰退。

加入 WTO 对中国金融业而言，既是机遇，更是挑战。我国金融业要在国际上面对强烈竞争，保持竞争优势，就不得不进行金融创新和组织创新，开拓新的业务领域，寻找新的利润增长点，提升抗风险能力。金融创新和组织创新必然带来各种传统金融业务的相互交叉、渗透、融合，金融机构的跨市场经营活动必然带动混业经营的趋势，单一银行组织已经向金融混业集团主导下的银行组织形态发展，并正在成为各个国家金融机构的主导组织形式。在国内如光大集团控股光大银行、光大证券公司、光大永明保险公司、光大国际信托投资公司，其业务范围已横跨了银行、保险、证券、信托等金融行业，率先发展成为金融混业集团。混业经营在一定程度上实现了转移和分散金融风险的功能，与此同时，混业经营也提高了金融市场的广度和深度，使得各种金融风险更加隐蔽化，金融风险对金融体系破坏的程度和可能性也随之增强，目前正在发生的金融危机就是例证。因此，混业经营对银行资本监管提出了更高的要求和挑战。金融混业集团及其监管已经引起越来越多国家金融理论界和实务界的关注。

综观国内外的相关研究，少见有对金融混业集团资本监管与风险控制进行深入理论分析的文献，大多数还停留在理论推演层次，实证研究还没有给出清晰的结论，有些结论甚至是相互冲突的。国内的研究更多的则是结合国外实践给出一些对中国发展金融混业集团的政策建议。本书对金融混业集团主导下的银行资本监管进行研究，以前瞻性的选题、独特的研究视角、翔实的资料、严密的论证，在一定程度上填补了国内理论界在这一领域的研究空白，丰富了相关问题的研究内容，有所突破和创新。在学术上的创新主要体现在以下三个方面：

1. 从实物资本积累和资产净值、银行的最优行为以及考虑资本充足率要求三个方面构建了金融混业集团主导下银行的资本监管理论模型，建立了资本充足率要求的单期和多期监管模型，拓展了霍姆斯特（Holmstrom）和泰勒尔（Tirole）模型。

2. 构建了动态博弈模型，研究监管部门与金融混业集团主导下银行等局中人之间的博弈关系。

3. 利用计量经济学和面板数据，对我国现阶段金融混业集团主导下的银行资本监管与风险进行了实证研究。

本书可作为金融学和经济学等相关专业本科生、研究生学习金融监管理论的参考用书。另外，对政府、银行业和金融界管理及从业人员提高管理水平也多有裨益。

本书写作过程中，郑南京等承担了部分资料整理和文字校订等工作，付出了辛勤的劳动，在此表示谢意。

本书的写作历时三年多，十分感谢重庆大学对本书的资助！感谢经济管理出版社的大力支持，特别是本书策划编辑王光艳的关心和督促。

限于作者的学识水平，加之时间仓促，书中的不足和错误之处，敬请读者批评指正。

刘夏　蒲勇健

2009 年 3 月

目　　录

第一章　绪　论

第一节　选题的背景与意义

在当今世界绝大多数国家或地区的所有经济部门中，银行作为货币的创造者、公共资金储蓄的主要受托人、信贷的首要分配者、国家分配系统的管理者，占据了独一无二的显要地位，是最基本和最重要的金融机构，但也是最容易引发系统危机的部门。20 世纪 70 年代，金融危机及银行破产表现为拉美债务危机，对拉美的银行造成了冲击；80 年代早期，金融危机及银行破产主要发生在智利和摩洛哥；90 年代初，金融危机及银行破产事件主要发生在瑞典、芬兰、挪威以及大多数转型中的社会主义经济体中；1994～1995年，金融危机主要席卷委内瑞拉、巴西和墨西哥；1997 年的东亚、泰国、印度尼西亚以及其他多个亚洲国家的金融危机，致使许多金融机构和银行遭到全国性流动危机的打击而关门歇业或破产，并且影响之广甚至波及遥远的巴西；2002 年，金融危机不仅使阿根廷的金融系统崩溃，而且政治制度和社会秩序也全面瓦解；2007 年的美国次级抵押贷款金融危机是近年最大的一次危机。美国次级抵押贷款是最近 3 年才开办起来的，但是发展过快，目前次级贷款金额至少在 1 万亿美元以上。所谓的次级抵押贷款，是指信用状况较差的个人无须抵押，并不需要支付首付款，便可在银行获得住房贷款，银行将这些房产通过信用评级公司评级，然后证券化，这便是所谓的 "次级债"。在美国，个人房贷中个人承担的是有限责任，如果个人不能偿还银行贷款，银行最多只能收回住房。美国房市在持续火暴了 6 年后，2008 年出现了暴跌，加之次级抵押贷款还款率不高，导致了美国次级债危机，由此引发了一场殃及全球金融市场的信贷危机，进而引发了全球金融危机，其惨烈程度堪比 1929 年的经济大危机：各国央行不断注资并屡次联手降息，仍止不住全球股市的持续暴跌；高盛、美林、摩根斯坦利等大型投资银行无一幸免，要么倒闭，要么被国有化，要么被传统的商业银行收购；多个欧洲国家出现货币危机，甚至是国家破产……目前这场史无前例的全球金融危机还在不断地深化、扩散，伴随的是全球实体经济正在走向衰退。次贷风波的直接动因是美国房地产市场降温，但更深层次原因则是全球流动性过剩背景下市场约束力的下降。一是长期的低利率政策导致全球风险偏好上升。二是对金融衍生产品的过度依赖和风险控制不当。三是市场自律性下降与监管不当的共同作用。

中国是一个经济处于转型期的国家。经过30年的改革开放实践，社会资源的配置方式已发生了根本转变，计划让位于市场，数量管理让位于价格信号，财政为主让位于金融为主。金融成为国民收入的主要分配手段，既符合市场经济规律，同时也出现了一个伴生现象，那就是国民经济的各种矛盾，总要集中地反映在金融领域。虽然在产业划分上，金融属于第三产业，是为实体经济服务的部门，但实物资源的流动总是以货币资金的流动为牵引因素的，因此，金融服务部门并不是一个被动的、仅仅满足实体经济中微观主体需求的部门，而是一个既提供服务又具有巨大调节作用的部门。在我国的金融行业中，银行业风险集中，资产质量总体堪忧。我国银行业竞争不足，公司治理薄弱，业务创新能力差，监管不力普遍存在。另外，证券业隐含巨大金融风险。证券公司收入结构不合理，资产质量不高，流动性明显不足，累积风险严重，普遍存在违法收益"私人化"，违法成本"社会化"的制度性错位激励，总体道德风险严重。另外，保险公司风险不容忽视。保险行业整体诚信意识和服务意识不强，经营管理水平较低，对分支机构的经营行为缺乏有效监督和约束，不计成本地抢占市场份额，恶性竞争严重。而且中国目前面临严峻的国内经济形势：投资增长过快；信贷投放过多；人民币升值预期压力巨大；外汇储备居高不下；由结构性通货膨胀向全面通胀扩散的压力巨大；股票、房地产等资产价格持续快速上升；实际存款利率为负数，居民银行存款增幅减少等。此外，国际经济金融运行的不确定性增大也增加了国内经济的潜在风险，主要包括美元持续贬值、美国次级抵押贷款风波冲击全球金融市场、贸易保护主义趋势加强、国际原油价格持续走高、全球通货膨胀压力加大等。

应对这些金融风险已经成为一个重要的全球性公共政策问题。实证研究表明，金融监管不力往往引起金融风险，因此在各国金融监管的制度安排中，金融监管始终处于核心位置。

通常公共监管是为了防止市场失败，市场失败的原因包括市场力量的存在；外部性的重要性；买方和卖方之间的不对称信息。为了防止金融业的市场失败，金融业监管的"官方"理由是：需要给金融业提供一个"安全网"，以保护存款者免遭其存款银行倒闭的风险，这点与公共监管的外部性理由密切相连；之所以要实行银行监管，是因为银行倒闭会对它们的客户即存款人产生严重消极的外部性。银行倒闭的原因可以用买方和卖方之间的信息不对称来解释。从法律角度看，银行和一般经济实体并无不同，既可采取股份有限公司和有限责任公司的形式，也可以合作形式组建。但是银行自出现以来，就受到了比其他经济组织多得多的监管。即使在 19 世纪末以亚当·斯密古典经济学家所倡导的经济自由主义的盛行时期，金融立法和金融监管也没有完全被解除。这是因为比起其他厂商，银行业务具有很大的特殊性，银行业务中的资产与负债的期限不匹配、自有资本金和风险性、信息不对称、债权人多而分散等的特点决定了银行易遭储户挤兑，而挤兑的危险性并不仅仅在于受挤兑银行本身会面临倒闭之虞，更重要的是银行挤兑有传递效应（Contagion Effects），对一家银行的挤兑能引起挤兑其他银行的系统性风险（System Risk）。因此，虽然银行业监管的理由与公共监管的一般理论所指出的市场失败的基本因素相关联，然而它们仍然很复杂，需要专门对其进行研究。

加入 WTO 对中国金融业而言，既是机遇，更是挑战。中国金融机构要在国际范围内面对激烈竞争，保持战略竞争优势，就不得不开展金融创新，开拓新的业务领域，寻找新的利润增长点，提升经营中的抗风险能力。金融创新必然带来各种传统金融业务的相互交叉、渗透、融合，金融机构的跨市场经营活动也必然带动混业经营的趋势，单一银行已经正在向金融混业集团主导下的银行形态发展。目前，尽管我国金融分业经营大政未变，但国内金融混业集团发展势头迅猛。如光大集团控股光大银行、光大证券公司、光大永明保险公司、光大国际信托投资公司，其业务范围已横跨了银行、保险、证券、信托等金融行业。中国金融业的主力——四大国有商业银行也加紧了构建金融混业集团的步伐。金融混业集团的主要特点在于"集团混业、经营分业"，即通过控股不同业务类型的具有独立法人资格的子公司来实现业务经营范围的自由化。伴随着世界范围内的金融创新浪潮和我国金融混业集团主导下的混业经营趋势，如何构建有效的金融监管体系，特别是构建以资本监管为核心的有效的金融监管体系，引起了理论界和实践界的高度重视。

我国现行的金融监管是以金融部门划分的分业监管模式，银监会、证监会、保监会分别对银行业、证券业、保险业实施监管。这种监管模式有利于明确监管者职责，提高监管者的专业化技术水平，集中控制金融市场风险。

但是分业监管存在严重弊病：不同的监管者可能对本部门的市场情况考虑得较多，而对相关市场则不太关心，从而缺乏各个监管部门相互配合的联动行为。当金融机构的业务范围越来越广、涉及多个金融市场时，分业监管的模式使得同一金融机构虽在不同的金融市场上经营，但却面对不同的监管者，缺少统一金融监管的约束，故在决策时缺乏全局利益考虑，容易滋生局部市场投机行为。因此，金融混业集团主导下的混业经营趋势与分业监管的不匹配可能产生一些跨市场的金融风险。此外，在分业监管模式下，不同监管者对本部门的市场业务主要采取合规性审查，监管政策一般落后于金融机构的金融创新活动，存在"创新—监管—再创新—再监管"的循环，这样一来既导致了沉重的金融监管审批成本，又在一定程度上压制了金融机构金融创新的积极性。

为了保持银行系统的稳定与效率，传统的银行监管措施包括：

（1）两大典型的金融安全网的建立——最后贷款人与存款保险制度，虽然这两项措施能防止银行挤兑的传染效应，防止因银行一时的流动性困难以及错误信息引起的挤兑，但给银行经理人和股东带来了巨大的道德风险，使其在资产组合时趋向于冒更大的风险。

（2）其他限制银行风险行为的监管措施包括存款利率限制、市场准入限制、资产组合限制等，这些措施在降低银行风险的同时，损失了效率。基于以上原因，对银行的资本监管因此而走上前台，并逐渐被大部分国家接受。资本监管要求的本质是，规定一个银行的最低资本充足率，试图以银行相对于风险资产的自有资本作为一个缓冲器，来防止银行冒太大的风险。

资本作为一种风险缓冲器，具有承担风险、吸收损失、保护银行抵御意外冲击的作用，是保障银行安全的最后一道防线。资本充足率是指商业银行持有的、符合监管机构规定的资本与风险加权资产之间的比率，用以衡量银行的资本充足性。这种充足性包含两方面的含义：其一，自有资本能够抵御其涉险资产的风险，即当这些涉险资产的风险变为现实时，自有资本足以弥补由此产生的损失；其二，对于自有资本的要求应当适度，如果过高会影响金融机构的业务开展及其资产的扩张。银行资本功能和资本充足率功能并不完全相同，但是适当的资本比率（无论是与总资产还是与风险资产相比较）对避免银行可能遭受损失、预防银行经营风险的作用是不容置疑的；同时，资本充足率已成为业内衡量银行综合经营能力和风险抵御能力的最重要的指标之一。于2006年正式实施的《新巴塞尔资本协议》，进一步强调资本监管要求对防止金融风险的重要性，并明确将市场约束列为资本监管、监督检查之后的银行监管第三大支柱。

当前，我国银行业特别是金融混业集团主导下的银行，在最低资本充足率要求监管、监督检查、市场约束三大方面的监管还很不协调，需要更进一步在强调最低资本充足率要求监管的同时，加快金融混业集团主导下银行的信息披露的改革步伐，完善法人治理结构，强化内部风险控制；而银监会更需要在有效监管银行风险的同时，从原来的管业务、管过程、抓内控转变为规范法人行为、调控宏观趋势方向上来，同时指导金融混业集团主导下的银行建立体现激励相容及自律自治的银行监管机制，将资本充足率要求监管与监督检查、市场约束相结合，最终提高我国银行的风险控制能力和国际竞争力。

综上所述，研究金融混业集团主导下的银行资本监管有重要的理论和现实意义。

第二节 金融混业集团及有关核心概念的界定

一、金融混业集团的界定

本书所指的"金融混业集团"，即是指具有统一协调的组织结构，主要业务为金融服务，并且在银行、证券、保险业务中至少从事两种业务的金融控股（集团）公司。金融混业集团必须具备以下条件：具有统一协调的组织结构；以银行业为主要业务；至少从事两种金融服务业务；公司资本不低于人民币1亿元。

二、金融监管的界定

金融监管属于管制理论范畴。管制（Regulation）一般是指国家以经济管理的名义进行干预。但是，到目前为止，经济学界对管制的认识尚未形成一致的看法。本书所说的金融监管，倾向于一般意义上的管制定义，即金融监管机关通过制定市场准入、风险监管和市场退出等标准，对金融机构的经营进行干预，确保金融机构的安全稳健运行。金融监管是一种外部力量，因此，金融监管并不能保证金融机构不发生金融风险和损失。

三、资本充足率的界定

资本充足率也称资本充实率，是保证银行等金融机构正常运营和发展所必需的资本比率。各国金融管理当局一般都有对商业银行资本充足率的管制，目的是监测银行抵御风险的能力。资本充足率有不同的口径，主要比率有资本对存款的比率、资本对负债的比率、资本对总资产的比率、资本对风险资产的比率等。

根据《巴塞尔协议》，我国规定商业银行必须达到的资本充足率指标是：包括核心资本和附属资本的资本总额与风险加权资产总额的比率不得低于8%，其中核心资本与风险加权资产总额的比率不低于4%。核心资本包括实收资本、资本公积、盈余公积、未分配利润；附属资本包括贷款呆账准备、坏账准备、投资风险准备和五年期以上的长期债券。

四、银行资本的界定

银行资本可以分为经济资本（Economic Capital）、最佳资本（Optimum Capital）、监管资本（Regulatory Capital）。经济资本也称为风险资本，指从银行内部讲，应合理持有的资本，是用来承担非预期损失和保持正常经营所需的资本。最佳资本是指，在没有其他外界干扰因素条件下的银行资本。影响银行持有合理经济资本的因素很多，安全网的存在就是一个重要原因。安全网指存款保险、最后贷款人贷款和政府其他拯救政策等，它们使银行有机会持有较少资本而不造成筹资成本的上升。监管资本是指监管当局规定银行必须持有的资本。监管当局一般是规定银行必须持有的最低资本量，所以监管资本又称最低资本（Minimum Capital）。最低资本是监管当局的规定，所以必须是明确和可以实施的，计算方法应当事先确定。对不同银行的最低资本可以进行横向和纵向比较。最低资本是最好银行的资本标准，其他银行应当持有更高的资本。

五、金融监管模式的界定

金融监管模式是指一国对金融机构经营所采取的监管方式。从世界各国的传统来看，主要有两种模式：即分业经营、分业监管模式和混业经营、集中监管模式。分业经营模式是指银行、证券、保险和信托等金融机构只能经营本行业的业务，不能兼营其他行业业务的一种经营制度。与此相应，分业监管模式是指一国按照不同的监管对象，由不同的监管当局行使监管职能的一种监管制度在分业监管体制下，监管当局对金融机构的业务范围一般有严格限制，主要包括：

（1）禁止商业银行从事投资银行业务。商业银行除了可以经营法律规定的债券外（如国库券等），不得从事购买股票或其他有价证券的交易。

（2）禁止证券经营机构吸收存款和发放贷款。

（3）银行、证券等金融机构的高级管理人员不得互相兼任。混业经营模式是指金融机构可以经营银行、证券、保险和信托在内的全方位金融业务的一种经营体制。与此相应，集中监管体制是指由相对统一的监管当局行使监管职能的一种监管制度。另外，在世界上有些国家和地区金融机构的经营模式和监管模式并不是完全对应的。例如，韩国金融机构实行的是分业经营模式，而金融监管则是集中监管模式。

六、巴塞尔资本协议

巴塞尔委员会是 1975 年由十国集团中央银行行长倡议建立的，其成员包括十国集团中央银行和银行监管部门的代表。自成立以来，巴塞尔委员会制定了一系列重要的银行监管规定，如 1983 年的银行国外机构的监管原则（又称巴塞尔协定，Basel Concordat）和 1988 年的巴塞尔资本协议（Basel Accord）。这些规定不具法律约束力，但十国集团监管部门一致同意在规定时间内在十国集团实施。经过一段时间的检验，鉴于其合理性、科学性和可操作性，许多非十国集团监管部门也自愿地遵守了巴塞尔协定和资本协议，特别是那些国际金融参与度高的国家。1997 年，有效银行监管的核心原则的问世是巴塞尔委员会历史上又一个重大事件。核心原则是由巴塞尔委员会与一些非十国集团国家联合起草，得到世界各国监管机构的普遍赞同，并已构成国际社会普遍认可的银行监管国际标准。至此，虽然巴塞尔委员会不是严格意义上的银行监管国际组织，但事实上已成为银行监管国际标准的制定者。2001 年 1 月 16 日，巴塞尔银行监管委员会发布了《新巴塞尔资本协议》的征求意见稿，并于 2006 年正式实施。《新巴塞尔资本协议》与老协议最大的区别是，进一步强调资本监管要求对防止金融风险的重要性，并明确将市场约束列为资本监管、监督检查之后的银行监管第三大支柱，摒弃了"银行信息不宜公开"的传统观点，更多地从公众公司的角度来看待银行。

第三节 研究思路、研究内容和研究方法

一、研究思路

本书的研究思路主要为:

1. 文献资料和数据的收集、处理、分析

包括国内外有关金融监管,特别是资本监管的最新研究成果资料的收集,我国金融监管案例数据的收集与分析。

2. 基础理论回顾

对国内外的相关研究成果进行回顾和分析,在广泛研读文献资料的基础上,分析资本监管涉及的基础理论框架,并借鉴优秀的和最新的理论研究成果,给研究内容提供理论支持。

3. 基于博弈论与信息经济学的知识,对金融混业集团主导下银行监管模式进行了研究

利用博弈论、信息经济学以及计量经济学的方法对金融混业集团主导下银行资本监管进行博弈分析,并构建监管部门与金融混业集团主导下银行等方的动态博弈模型。

4. 利用计量经济学、经济学的方法就金融混业集团主导下的银行资本监管与风险进行实证研究

5. 政策措施建议

针对本研究的理论模型成果、经验性的实证研究和案例分析的结论,提出金融混业集团主导下的银行金融监管的政策措施与建议。

二、研究内容

本书研究的核心是从金融混业集团主导下的银行监管理论分析入手,构建金融混业集团主导下的银行监管系统。整个逻辑结构如图1.1所示。

根据图1.1所示的逻辑结构示意图,本书的主要研究内容分为两部分:金融混业集团主导下的银行资本监管理论研究部分;金融混业集团主导下的银行资本监管与风险实证研究部分。本书分为九章,具体安排如下:

1. 金融混业集团主导下的银行资本监管理论研究

包括金融监管的经济理论研究、中外银行分业经营到混业经营发展与对比以及监管部门与金融混业集团主导下银行之间的博弈机制研究等。

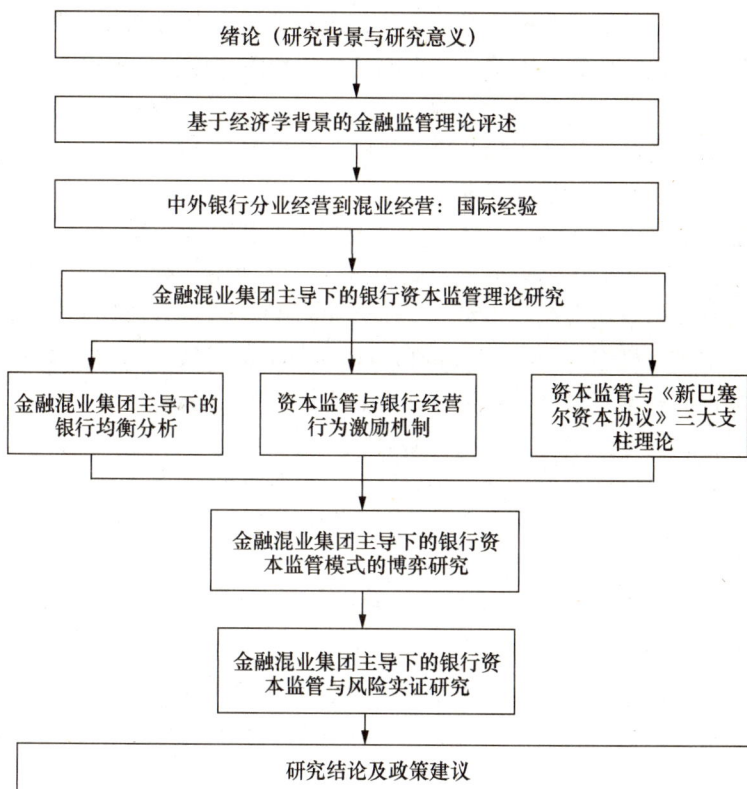

绪论（研究背景与研究意义）

↓

基于经济学背景的金融监管理论评述

↓

中外银行分业经营到混业经营：国际经验

↓

金融混业集团主导下的银行资本监管理论研究

↓

金融混业集团主导下的银行均衡分析　　资本监管与银行经营行为激励机制　　资本监管与《新巴塞尔资本协议》三大支柱理论

↓

金融混业集团主导下的银行资本监管模式的博弈研究

↓

金融混业集团主导下的银行资本监管与风险实证研究

↓

研究结论及政策建议

图 1.1　本书逻辑结构示意图

第一章：绪论。提出研究背景和研究意义，对相关概念进行界定，阐述研究内容及逻辑结构，并提出研究方法和创新点。

第二章：基于经济学背景的金融监管理论评述。该部分是评述金融监管的经济理论与回顾金融监管理论演变过程，主要包括金融监管理论、委托代理理论、信息不对称理论、银行风险理论、公司治理理论以及博弈论和不完全信息动态博弈理论等，为本书的研究提供理论支持。

第三章：从分业经营到混业经营：国际经验。对国外银行分业经营到混业经营的模式特点、优势和发展趋势及监管体制进行总结，为我国金融混业集团主导下的银行监管规范化研究提供理论和实践启示。主要研究内容有：介绍国外金融混业经营的发展及模式特点；详细对比分析国外发达国家金融混业经营的模式及其监管体制。

第四章：金融混业集团均衡与资本监管。主要包括金融混业集团效用最大化分析、最优的监管资本确定、资本的单期和多期监管等理论研究。

第五章：资本监管与激励机制。

第六章：资本监管、市场约束与风险互动机制。

第七章：资本监管模式研究。

2. 金融混业集团主导下的银行资本监管与风险实证研究

这一部分，我们依据前面理论研究成果，从时间序列的角度，利用计量经济学的方法构建混合回归模型（Pooled Model）、固定效应回归模型中的个体固定效应回归模型（Entity Fixed Effects Regression Model）对金融混业集团主导下银行的资本与风险变化进行研究和实证检验。

第八章：资本监管与风险实证研究。

第九章：研究结论。对全书的研究结论进行总结。

三、研究方法

第一，本书采用规范的理论分析与实证研究相结合、定性和定量分析相结合的方法，而且在各个层面上各有侧重，力图实现方法上的创新。

第二，在理论模型方面，主要在金融监管理论的基础上，采取动态博弈理论的分析方法进行研究。同时，通过案例实证统计定量研究金融混业集团主导下银行的资本监管与风险。

第三，从理论模型与实证分析中得出观点，为提出政策层面的定性措施提供较为全面和清晰的框架。

第四节　创新之处

第一，本书从实物资本积累和资产净值、银行的最优行为以及考虑资本充足率要求三个方面构建了金融混业集团主导下银行的资本监管理论模型，建立了资本充足率要求的单期和多期监管模型，拓展了霍姆斯特（Holmstrom）和泰勒尔（Tirole）模型。

第二，构建了动态博弈模型，研究监管部门与金融混业集团主导下银行等局中人之间的博弈关系。

第三，利用计量经济学和面板数据，对我国现阶段金融混业集团主导下的银行资本监管与风险进行了实证研究。

第二章　基于经济学背景的
金融监管理论评述

第一节　基于经济学背景的金融监管理论评述

一、金融监管的产生

金融监管（Financial Regulation）是指政府对金融业的限制、管理和监督。金融监管机关一般为各国的中央银行，有的国家由其他机构和中央银行共同负责。通过加强金融监管来控制金融风险，从而实现国民经济稳定、健康的发展，历来是各国政府和金融监管当局十分关注的重要问题。然而，要想制定出有效的监管手段，就必须对金融监管的理论基础加以研究。20 世纪 30 年代的经济大危机充分地说明现实的市场是不完全的，金融监管的理论从此也建立在对市场不完全性的基础上。金融监管的理论基础是金融市场的不完全性，金融市场的失灵导致政府有必要对金融机构和市场体系进行外部监管。现代经济学的发展，尤其是"市场失灵理论"和"信息经济学"的发展为金融监管奠定了理论基础。其主要内容为金融监管理论的一般基础。

1. 金融体系的负外部性效应

金融体系的负外部性效应是指金融机构的破产倒闭及其连锁反应将通过货币信用紧缩破坏经济增长。按照福利经济学的观点，外部性可以通过征收"庇古税"① 来进行补偿，但是金融活动巨大的杠杆效应，以及个别金融机构的利益与整个社会的利益之间严重的不对称性，显然使这种办法显得苍白无

---

① 即对产生外部性行为的厂家征税，是庇古在 20 世纪 20 年代提出来的，所以又称为庇古税。

力。另外，科斯定理①从交易成本的角度说明，外部性也无法通过市场机制的自由交换而消除。因此，需要一种市场以外的力量介入来限制金融体系外部性影响。金融机构破产倒闭所带来的负的外部性影响主要体现在：

第一，由于金融机构的高负债度和宽负债面，一家银行的破产倒闭往往会影响到千百万普通居民和众多工商企业的利益，而且一家银行的破产倒闭很可能引起公众恐慌和对金融业丧失信心，从而对其他银行产生不利影响。而一系列银行的破产倒闭必然会导致信用规模大大萎缩，结果使工商业投资下降，生产、就业和收入随之减少，破坏经济增长。

第二，容易诱发金融系统性风险。由于金融机构之间债权债务关系复杂，大银行不仅是社会清算中心，而且往往是众多中小金融机构的代理银行。一家金融机构的倒闭会造成社会支付功能的中断，带来较大的社会财富损失。

既然金融体系的负的外部性影响如此强烈，那么，金融机构的破产倒闭能否加以避免呢？事实证明，金融机构破产倒闭的风险是客观存在的，是不可避免的。

2. 银行经营的特点决定了银行破产风险的客观存在

海曼·P. 明斯基②提出的金融体系脆弱性假说认为，银行业的内在特性将使得它们经历周期性的危机和破产浪潮。他的假说是建立在西方经济学的长波理论基础上的，他指出，正是经济繁荣时期埋下了金融动荡的种子，在循环往复的资本主义经济的上升时期，贷款人或者由于当前的利好和繁荣而

———————

① 科斯定理的主要原理来源于诺贝尔经济学奖得主 R. 科斯于 1960 年发表的论文《社会成本问题》(《法学与经济学杂志》1960 年 10 月号)，后由另一位诺贝尔经济学奖得主斯蒂格勒表达为科斯定理。由于科斯本人从未提出科斯定理的文字表述，因此对于科斯定理经济学家们有不同的表达方式。被称做科斯定理的命题或命题组，源于一系列案例。狭义上看，交易成本指的是一项交易所需花费的时间和精力。有时这种成本会很高，比如当一项交易涉及处于不同地点的几个交易参与者时，高交易成本会妨碍市场的运行，否则市场是会有效运行的。广义上看，交易成本指的是协商谈判和履行协议所需的各种资源的使用，包括制定谈判策略所需信息的成本、谈判所花的时间，以及防止谈判各方欺骗行为的成本。由于强调了"交易成本论"，科斯定理可以被认为说的是：法定权利的最初分配从效率角度看是无关紧要的，只要交换的交易成本为零。科斯论文的出版可以被看做是后来被称做"法律和经济学"的这个课题的一次突破。

② 海曼·P. 明斯基（Hyman P. Minsky）是当代研究金融危机的权威，他所坚持的"金融不稳定假说"认为，资本主义的本性决定了金融体系的不稳定，金融危机以及金融危机对经济运行的危害难以避免。"金融不稳定假说"（Financial Instability Hypothesis）的形成始于 1963 年明斯基在任布朗大学经济学教授时发表的一篇著名论文《"它"会再次发生吗?》("它"指大危机)。以此文为出发点，明斯基在随后三十年中出版的各种论著对金融危机进行了深入研究，逐步形成今天为众多文献广泛引用的"假说"。

淡忘了上一个经济周期的金融灾难，或者出于竞争压力而日益放宽贷款条件，甚至做出许多不审慎的贷款决策。随着经济趋向繁荣，用于投机性用途和高风险用途的贷款所占比重越来越高，生产部门、家庭和个人的债务占其收入的比例也越来越高，股票、不动产等各类资产价格持续攀升，直至长波上升段后必然的滑坡，任何打断信贷资金流入生产部门的事件都可能引起违约和破产的风潮，而这一切又反过来影响金融体系，银行业破产将像传染病一样迅速蔓延。

3. 金融体系的公共产品特性

作为公共产品，金融体系具有两个特征：很难将某个人排除在公共产品所带来的好处之外，即非排他性；多增加一个享用这种产品的人的边际成本为零，即非竞争性。而金融体系恰好具有这两个特征。一个稳定、公平和有效的金融体系所带来的利益是为社会公众共同享受的，无法排斥某一部分人享受此利益，而且增加一个人享用这种利益也并不影响生产成本。因此，金融体系对整个社会经济具有明显的公共产品特性。公共产品的非排他性的存在，不可避免地就会出现"搭便车"问题，即人们乐于享受公共产品带来的好处，但缺乏有效的激励为公共产品的提供和维护作出贡献；而非竞争性则意味着私人部门很难供给或全部供给人们所需要的数量，从而导致市场失灵。公共产品的这些特性决定了它只能由代表全民利益的政府来提供。

4. 金融机构自由竞争悖论

金融机构作为一种经营货币的特殊企业，所提供的产品和服务的特性决定其不完全适用于一般工商业的自由竞争原则。因为，一方面，根据巴尔登斯贝格尔、本顿和吉林根的研究，银行业存在着一定的规模经济。金融机构规模经济的特点使金融机构的自由竞争很容易发展成为高度的集中垄断，而金融业的高度集中会使金融业失去竞争，从而失去生机与活力，不仅在效率和消费者福利方面会带来损失，而且也将产生其他经济和政治上的不利影响。另一方面，自由竞争的结果是优胜劣汰，必然会引起一些金融机构破产倒闭，而金融机构激烈的同业竞争将导致整个金融体系的不稳定，因为一家金融机构的倒闭很容易引起连锁反应，导致金融恐慌，进而危及整个经济体系的稳定。

5. 不确定性、信息不完备和信息不对称

在不确定性研究基础上发展起来的信息经济学表明，信息的不完备和不对称是市场经济不能像古典和新古典经济学所描述的那样完美运转的重要原因之一。金融体系中更加突出的信息不完备和不对称现象，导致即使主观上愿意稳健经营的金融机构，也有可能随时因信息问题而陷入困境。然而，金融机构又往往难以承受搜集和处理信息的高昂成本，因此，政府及金融监管当局就有责任采取必要的措施减少金融体系中的信息不完备和信息不对称。

从以上分析可以看出，对金融机构来说，充分的自由竞争并不必然导致效率的提高，相反，自由竞争和稳定之间存在着明显的替代性。正是由于金融机构既不能过度竞争，也不能排斥竞争而导致垄断，所以需要一个外部力量为金融业创造一个适度竞争的环境，从而维持金融业的公平、高效、稳定。因此，自从自由银行制度崩溃之后，金融监管的一个主要使命就是如何在维持金融体系的效率的同时，保证整个体系的相对稳定和安全。

戴尔蒙德（Diamond）和迪布维基（Dybvig）认为银行的本质是为市场提供流动性服务，也正是银行的本质决定了其易受银行危机的侵害。[①] 银行在经营过程中，其资产负债表上资产方的清算价值往往小于权益方的全部存款价值。这样一来，即使市场上没有任何关于银行资产的不利信息，或者有关银行资产的信息是完全披露的，银行挤兑现象仍无法避免。因为当储户在未来期存款的价值取决于当期储户的取现数量时，银行挤兑是一个纳什均衡。这样就需要对银行进行监管。

哈塔洽亚（Bhattacharya）和盖尔（Gale）认为如果没有总体的不确定性以及关于银行短期资产质量的信息能在市场上观察得到，那么银行间市场的同业互助能消除银行经营中的流动性危机。[②] 但是，弗兰纳里（Flannery）认为若市场上存在关于银行资产的不对称信息，银行间互助市场将不能提供足够的流动性支持，从而流动性危机仍然存在。[③]

杰克林（Jacklin）和哈塔洽亚（Bhattacharya）认为关于银行资产的不对称信息是银行易于遭受流动性危机的另一源泉。[④] 从市场约束来讲，由于银行经营不良业绩的披露而造成了该银行出现流动性危机是有益的。与此相反，由于有关银行收益的信息的不对称而引发的储户恐慌所造成的银行流动性危机，则对整个金融系统来说是有害的。在这种情况下，银行挤兑造成了银行

① Diamond, D., & Dybvig, P.. Bank runs, deposit insurance, and liquidity [J]. Journal of Political Economy, 1983, 91 (3), pp. 401~419.

②④ Bhattacharya, S., M. Plank, G. Strobl and J. Zechner. Bank Capital Regulation with Random Audits [R]. FMG discussion paper 354, LSE, London, UK, 2000.

③ Flannery, M.. Capital regulation and insured banks' choice of individual loan default rates [J]. Journal of Monetary Economics, 1989, 24, pp. 235~258.

资产的提前清算，从而危及了相关贷款企业的正常生产经营。进一步说，单个银行的流动性危机有可能引发整个金融系统的危机。防范这种危机传导机制成为了银行监管得以存在的第一大理由。

德沃特里庞（Dewatripont）和泰勒尔（Tirole）提出银行监管合理性的另一理由——代理监管论。[①] 代理监管论建立的基础是由于银行所有权和经营权的分离而导致的公司治理问题以及普通储户无力监管问题。他们认为银行同其他工商企业一样都存在道德风险和逆向选择问题，因此投资者监管银行是必要的。但是由于普通储户存款金额有限以及民间监管中的"搭便车"问题，从而使得普通储户监管银行激励不足。政府可以将银行监管作为一种公共品向社会提供，进而避免民间监管不足，保护普通存款人的利益。

二、金融监管的目的

学术界关于政府监管银行目的的认识有诸多争议，总结起来可以归结为：保持货币政策传导机制畅通，维持金融系统稳定，防范商业银行的道德风险行为，保护存款者利益，保持银行的适度竞争并提高经营效率。

弗里德曼（Friedman）和施瓦茨（Schwartz）指出中央银行作为唯一的货币创造和货币发行主体，应该担负起保证货币市场足够的流动性的职责，这样一来，监督货币市场以及监管金融机构就成为了其职责的一部分。[②] 这一观点代表了银行监管目的早期的观点，即保持货币政策传导机制的畅通。

桑托姆罗（Santomero）认为一些政府参与银行监管的目标除了社会福利考虑之外还有"私利"的考虑。"财力薄弱"的政府往往会在银行监管的立法与实践中将商业银行的资金导向自己想要资助但又无力资助的相关产业和企业，这样一来政府监管的目标就出现了偏离。[③] 这种现象在许多中欧、东欧以及亚洲国家非常普遍。

乔治·G. 考夫曼（George G. Kaufman）、肯尼思·E. 斯科特（Kenneth E. Scott）指出单个银行的流动性危机会导致整个银行系统的危机，其原因是

---

① Dewatripont, M., Tirole, J.. The prudential regulation of banks [R]. MIT Press, Cambridge, 1995, 3.

② Friedman L. A competitive bidding strategy [J]. Operations Research, 1956, 4 (1), pp. 104 ~ 112.

③ Kim, D. and A. P. Santomero. Risk in banking and capital regulation [J]. Journal of Finance, 1988, 43, pp. 1219 ~ 1233.

储户对银行未来收益普遍预期的下降，以及银行间市场以及支付系统将各个银行的业务紧紧地联系在了一起。① 因此，单个银行的危机往往会导致整个金融系统的不稳定，因而政府为社会提供银行监管目标在于防范系统风险，促进社会福利的提高。

斯蒂克雷森（Stijn Claessens）、丹尼尔克林比尔（Daniel Klingebiel）和卢卡（斯）雷文（Luc Laeven）通过研究众多国家在解决银行系统危机的政策后指出，央行作为最后贷款人提供流动性支持、政府担保银行债务等救助行动需要花费巨额开销②的财政开销并没有加速银行系统从危机中复苏，解决问题的根本应是建立合理的银行监管制度体系。激励相容的银行监管制度可以防范商业银行的道德风险，提高整个银行系统运行的效率。

周小川指出银行监管应在保持金融稳定的同时注意防范道德风险，由于系统性银行体系或支付体系的不稳定所造成的经济与社会成本是灾难性的，因此，需要金融安全网，但是金融安全网设计与运行的偏差将导致金融机构道德风险倾向更高，从而进一步降低金融稳定性，因此银行监管机制设计上应该体现寻求高度金融稳定与低道德风险的平衡。③

侯杰和余珊萍指出由于在金融混业经营趋势下金融控股公司存在内部交易问题，银行业应建立风险隔离机制和建立规范的强制性的信息传递和披露机制有效的监管措施来防范风险。④

三、存款保险制度

1933 年存款保险制度首先在美国建立，迄今为止已有 70 多年历史，在这期间，全球有 70 多个国家相继建立了存款保险制度。很多经济学家论证了存款保险制度建立的必要性。弗里德曼和施瓦茨在《美国货币史》中进行了总结：银行存款的联邦保险，是对 1933 年恐慌结果产生的最重要的银行体系的结构性变化，这种变化是南北战争后各州银行券绝迹以来最有助于货币稳定的事情。戴尔蒙德（Diamond）和迪布维基（Dybvig）提出了经典的银行

---

① George G. Kaufman. How Should Financial Institutions and Markets Be Structured?［J］. Analysis and Options for Financial System Design，2000.

② Stijn Claessens，Daniela Klingebiel，Sergio L. Schmukler The Future of Stock Exchanges in Emerging Economies：Evolution and Prospects［J］，2003.

③ 周小川：《保持金融稳定防范道德风险》［J］，《金融研究》，2004 年第 4 期。

④ 侯杰、余珊萍：《对我国金融控股公司内部交易问题的监管措施研究》［J］，《现代管理科学》，2005 年第 1 期，第 16 ~ 17 页。

挤兑模型，指出信息不对称是银行挤兑的根源，而存款保险则是解决银行面临"自我实现"的存款人挤兑威胁的最优政策，首次为建立存款保险制度提供了确切的理论依据①吉本斯（Gibbons）对戴尔蒙德—迪布维基模型进行了简化，运用信息完全但不完美情况下的动态博弈分析，证明银行挤兑类似于囚徒困境，完全有可能作为纯粹纳什均衡的情况出现。无论是戴尔蒙德—迪布维基模型还是吉本斯的解释，都只是将存款保险制度作为改变人们预期和决策的一种方式，并以此避免银行发生挤兑，促进金融系统的稳定。

存款保险制度是解决银行先天脆弱性的一种途径。如果存款保险是可以置信的，那么存在于戴尔蒙德—迪布维基框架中的银行危机将得到根治。然而，桑托姆罗（Santomero）和崔斯特（Tretter）、② 弗雷克斯（Freitas）和罗切特（Roche）指出银行的债权人同时也是银行的顾客，那么存款保险的范围应该仅限于那些处于信息劣势的储户。③ 德雷弗斯（Dreyfus）将存款保险下银行资产负债表权益方的储蓄负债看成一个可赎回的看跌期权，"期权"的价值是其风险度和变异性的单调递增函数，那么银行可以通过采取不被观察的风险投资行为提高"期权"的价值，也就是说银行投资行为中的过度风险都被存款保险合约吸收了。④ 钱德（Chand）、格林鲍姆（Greenbaum）和赛克（Thakor）指出这种"期权"的价值既与银行资产的风险水平有关，也与存款保险前银行的资本充足率有关，因为事前的资本充足率决定了"期权"的交割价格。⑤然而，由于存款保险机构与银行的信息不对称性，并且很多决定"期权"价值的银行资产信息是银行的私人信息，存款保险机构要想根据这些私人信息来确定公平存款保险费率是很难的。同时，弗雷克斯（Freitas）和罗切特（Roche）指出无差异的存款保险费率，无疑是通过牺牲

---

① Diamond, D., & Dybvig, P.. Bank runs, deposit insurance, and liquidity [J]. Journal of Political Economy, 1983, 91（3）, pp. 401~419.

② Kim, D., Santomero, A., Risk in banking and capital regulation [J]. Journal of Finance, 1997, 43, pp. 1219~1233.

③ Freixas X. and J. C. Rochet. Fair Pricing of Deposit Insurance: Is it Possible? Yes, Is it Desirable? [J]. University of Pompeu Fabra, 1995, pp. 5~6.

④⑤ Dreyfus, S. E., and A. M. Law. The Art and Theory of Dynamic Programming [R]. New York: Academic Press, 1997.

拥有"安全"资产的银行利益来补贴拥有过多"风险"资产的银行。① 盖尔默瑞罗（Giammarino）、弗雷克斯（Freitas）和盖比伦（Gabillon）指出由于信息不对称性的存在，银行监管制度设计的重心从如何确定激励相容的存款保险公平费率，转移到了如何迫使银行备足足够的资本来预防银行的流动性风险，从而确保存款保险"期权"合约价值的稳定性。② 当今学术界关于防范道德风险的银行监管制度的讨论集中到了如何开展以资本充足率为核心的审慎性银行监管上来。

存款保险制度不以盈利为目的，在一定意义上属于公共品范畴。由于公共品通常是市场失灵的重要领域，存款保险制度在一定程度上妨碍了市场机制作用的发挥。在这种情况下，道德风险便产生了。随着存款保险制度在西方国家的建立和运行，其中蕴涵的道德风险也引起了一些经济学家的关注和研究，他们在这方面进行了大量的理论和实证的研究，取得了一定的成果。马丁（Martiny）证明，存款保险的政策安排在抵御银行挤兑风险时，确实引发了道德风险问题。③ 从纯粹的理论出发，存款保险制度本身是否能够实现促进金融系统稳定的目标，并没有明确结论，它至少还需要其他的条件，如有效的金融监管。

艾斯利·戴默库斯·康特（Asli Demirguc - Kurt）和恩瑞克·蒂特盖尔切（Enrica Detragiache）在这方面进行了开创性的研究。他们以1980～1997年61个国家的情况作为样本进行实证研究，其结果出乎人们意料：正式的存款保险制度严重危害了银行系统的稳定，尤其是在刚刚取消利率管制和制度环境欠佳的国家和地区更是如此；保险的额度越大、担保对象范围越广，存款保险对银行稳定的负面作用就越明显，而可靠的基本制度保障（如健全的法律体系、标准的会计制度和完善的信息披露制度等）和有效的金融监管可以抵消存款保险对市场纪律的侵蚀。④

长期以来，我国虽然没有建立如欧美等国家的显性存款保险制度，但事

---

① Freixas X. and J. C. Rochet. Fair Pricing of Deposit Insurance: Is it Possible? Yes, Is it Desirable? [J]. University of Pompeu Fabra, 1995.

② Giammarino, R. M., Lewis, T. R., Sappington, D. An incentive approach to banking Regulation [J]. Journal of Finance, 1993, 48, pp. 1523～1542.

③ Growth, Inequality and Poverty: Looking Beyond Averages [R]. Martin World Development, November 2001.

④ Enrica Detragiache, Thierry Tressel, and Poonam Gupta. Foreign Banks in Poor Countries: Theory and Evidence [R]. D. IMF Working Paper, 2006, pp. 4～6.

实上一直实行的是隐性存款保险制度，即政府为银行的破产买单，特别是国有银行。这样无疑加大了政府的财政支出，而且使得我国银行业的竞争有失公平。随着中国银行业的对外开放，以及东南亚金融危机的前车之鉴，国内金融界对金融风险的认识不断加深，为了化解金融风险，减轻金融波动给社会带来的震动，国内许多学者提出了在中国建立存款保险制度的建议。梁山早在 1994 年就提出应尽快在我国建立起存款保险制度，认为这对于提高我国银行业的效率和维护金融稳定意义重大。但也有很多学者认为目前并不是建立存款保险制度的最佳时机，另外认为建立这一制度不仅要借鉴国外经验，更要从我国现状出发，探讨适合我国国情的制度。而孙杨参照岩村 1992 年的模型，论证了不完全信息情况下的存款保险制度存在的必要性，并对存款保险制度下存在的道德风险进行分析。① 他认为银行存在"合理"利用存款保险制度的动机，可以促使银行将资产投入到风险更大的投资机会中，这就是所谓的存款保险制度中容易产生的银行方面的道德风险，但如果政府对于银行的经营信息能进行准确的判断，则可以根据各家银行的资产风险程度对存款保险费率进行相应的调整，以防止银行的道德风险。

由此可见，无论是理论分析，还是实证检验都表明，存款保险制度本身并不一定能够保证金融系统的稳定。

四、资本充足率监管

诸多研究表明，当存款保险合约不能公平定价时，银行倾向于提高杠杆比率或增加资产的风险水平，从而产生了道德风险问题，因此资本充足率监管为解决这种道德风险问题应运而生。近年来学术界关于资本充足率监管的有效性的讨论逐渐升温。

伴随着银行资本监管实践，西方的经济学家对银行资本监管问题进行了大量的理论研究和实证分析，这些研究和分析丰富了这一领域的成果，并有部分研究成果被新巴塞尔协议所采纳。有关银行资本监管绩效的文献可以分为两大类，一类是研究银行资本监管是否提高了银行的资本比率并降低银行风险的敞口，即银行资本监管是否有效；另一类研究关注的是银行资本监管的效率问题，主要是银行资本监管对银行利润和宏观经济的影响。在早期的银行监管的文献方面，如卡亨（Kahane）、卡雷肯（Kareken）和沃雷斯（Wallace）、夏普（Sharp）使用静态偏好模型分析了在完全市场上，资本标

---

① 孙杨：《商业银行道德风险与存款保险定价研究》［J］，《产业经济研究》，2005 年第 5 期。

准控制银行承担风险的效果。① 认为，由于存款者的存款被完全保险，存款者没有激励去监督银行调整其承担的风险状况，而且保费是统一的，所以银行会倾向于提高其风险敞口。这里的问题是，如果市场是完备的，不存在信息不对称问题，那么是否需要存款保险制度也就不得而知了。另外，如果存款保险可以被恰当地定价，银行的风险转移激励也就可以消除了。因此就需要用另一种方式来规避其风险。扣荷姆（Koehl）和桑托姆罗（Santomero），以及金（Kim）和桑托姆罗（Santomero）沿用了普莱（Plylel），卡亨（Kahane），哈特（Hartt）和雅菲（Jaffee）以及卡亨（Kahane）和沃雷斯（Wallace）提出的方法和假设，② 认为银行家是厌恶风险的，因此会最大化其资金的效用函数。③ 研究指出，在不存在资本监管的情况下，如果银行不考虑有限责任条款，则银行破产概率将是资本比率的递减函数。由于资本比率是衡量银行风险的较好指标，对比率设定一个较低下限以限制银行风险似乎比较合理。这种较低下限的资本要求限制了银行的风险边界，强制银行降低其杠杆率，使其资产配置变得更加低效。虽然银行风险性资产组合总量下降，但其风险敞口增大，银行失败的可能性增加。克利（Keeley）和弗朗（Furlong）对扣荷姆（Koehl）和桑托姆罗（Santomero），关于过严的资本要求产生的逆向选择效应提出了反对意见。他们认为，这些研究不合适地使用了马可维茨的两时期模型。原因是，未保险存款者的存款利率需求取决于银行资产组合的风险，进而取决于杠杆率和资产的风险，即使存款者需要一个固定的无风险利率。假设借款者的成本是固定的也是不合适的，因存款保险的期权价值随着杠杆的增加而增加，所以存款者的预期边际成本随着存款的数量增加而降低。考虑到这一影响，克利（Keeley）和弗朗（Furlong）认为，资本标准的提高增加了银行资产组合的风险敞口，原因是资本的增加降

---

① Kahane, Y. Capital adequacy and the regulation of financial intermediaries [J]. Journal of Banking and Finance, 1977, 1, pp. 207~218.

② Plyel (1984), Khane (1977), Hart 和 Jaffee (1974) 以及 Khane 和 Wallace (1978)，提出了资产组合方法，在其模型中，资产（负债）市场被假设成是竞争性的。该研究有两个问题：其一，如果银行的资本被看成是银行的另一种负债，银行的财富将成为一个外生的变量。由于银行所有者的特征成了一个无关紧要的因素，因而不存在可供假设的效用函数。对银行资产负债整体（包括权益）的唯一的限制，就是它必须是均值离差有效的资产组合。其二，如果考虑银行失败的概率，资产和负债之间的对称性将会被破坏，就不能假设投资者（银行的股东或者债权持有人）所要求的股权收益率与银行所选择的资产类型无关。

③ Koehn, M. and A. M. Santomero. Regulation of bank capital and portfolio risk [J]. Journal of Finance, 1980, 35, pp. 1235~1244.

低了存款保险的卖出期权价值，因而降低了银行增加资产组合风险敞口的激励。[1] 杰罗特（Gennetti）和普莱（Plylel）通过假设银行能投资于一项 NPV 为正的项目，重新考察了有关资本监管制度对于银行风险所带来的影响。如果银行资产的净现值均为零（如这些资产都在完全资本市场上交易），那么银行将不再有社会价值。[2] 在杰罗特（Gennotte）和普莱（Plylel）的分析中，银行之所以有社会效用，是因为银行可以对那些不能通过资本市场融资的工业项目进行控制和管理，通过投资于一个有风险的项目，银行获得 NPV 为正的收益。因银行为企业提供融资的资金来源是被保险存款，其激励被扭曲，倾向于增加承担风险，这样，增加资本对银行失败概率的影响是模糊不清的。

罗切特（Rochet）研究表明，如果选择的风险权重和资产的系统性风险（基于市场的风险权重）成比例，风险敏感性资本可以降低违约的概率。[3] 据其模型，所有的银行会选择一个风险敞口较低的资产组合，结果违约风险降低。罗切特（Rochet）也考虑了银行的有限责任，认为对于较低的资本要求，银行会倾向于选择风险性高的投资；反之，对于较高的资本要求，由于对风险的厌恶就不会选择风险性高的投资。因此，资本要求应被设定在足够高的水平上。桑德斯（Saunders）提出经理人员可能比股东更偏好较低的违约水平。[4] 由于监管人员的收益包括风险固定的索偿权和公司以及行业的人力资本，因此在银行破产时他们会失去很多，会因高杠杆率和风险而受损。由于管理人员会努力平衡杠杆率和风险，资产组合的风险和资本是正相关的，因此，管理人员对风险的厌恶至少会减轻股东对风险的追逐。德沃特里庞（Dewatripont）和泰勒尔（Tirole）则认为，只有资本结构影响到外部索偿者行为的时候，银行才是最需要关注的。[5] 资本结构的重要性来自于对银行内部的控制权和外部干预权的配置。他们认为资本监管是最优的银行治理结构的一个粗略替代，因为如果当银行的清偿力低于一些临界点时，将控制权转

① Keeley, M. C. and F. T. Furlong. A reexamination of mean-variance analysis of bank capital regulation [J]. Journal of Banking and Finance, 1990, 14, pp. 69 ~ 84.

② Gennotte, G. and D. Pyle. Capital controls and bank risk [J]. Journal of Banking and Finance, 1991, 15, pp. 805 ~ 824.

③ Rochet, J. Capital requirements and the behaviour of commercial banks [J]. European Economic Review, 1992, 36, pp. 1137 ~ 1178.

④ Saunders, A., E. Strock, and N. G. Travlos. Ownership structure, deregulation, and bank risk taking [J]. Journal of Finance, 1990, 45, pp. 643 ~ 654.

⑤ Dewatripont, M., Tirole, J.. The prudential regulation of banks [R], MIT Press, Cambridge, 1995, 3.

移到监管者手中，管理人员就会平衡其干预时的损失和监督的成本，当低于最低资本要求的概率增加时，管理人员更能监督其资产业务以降低资产组合的风险。因此，资本要求可以降低银行的违约风险。贝森科（Besanko）和坎纳塔斯（Kanatas）研究认为，银行内部人仅拥有银行股权的一部分，他们可以采取不被观察到的行为以此使福利最大化。① 在这种情况下，在既定的资本基础上，较高的资本具有替代普通资本的效应，可以降低风险。当银行为满足新的资本标准而发行股票，其股权被稀释，这会降低银行内部人的预期。这种稀释效应也会对银行的清偿力产生负面的影响，在一些情况下，甚至超过了资产的替代效应。布卢姆（Blum）首次使用了动态的研究框架，认为资本监管可能导致银行风险的增加。② 不过，其研究没有考虑资本要求对股权未来价值的影响。洛瑞恩·佩利任（Lorinan Pelizzon）、斯蒂芬（Stephen）和斯盖弗（Schaefer）沿用了布卢姆（Blum）的研究方法，指出有约束的资本要求可能会增加银行风险的承担，但是如果资本要求不具有约束力，可能会导致银行违约概率的增加。③ 桑托斯（Santos）利用银行和借款企业之间委托代理关系模型分析了资本要求对银行承担风险的影响。④ 银行用来提供贷款的最优合同包括了贷款和公司股权的组合，该合同因银行可以用被保险的存款来融资这一事实而扭曲。增加资本标准会使银行因考虑其破产时的较高破产成本及融资成本而调整其合约。银行的这种调整会引导企业降低风险，从而提高银行的清偿力。赫尔曼（Hellman）在分析最低资本要求作为一种降低道德风险的手段时指出，最低资本要求除了使银行有更多的自有资金不承担风险之外，也有一个负面效益，即通过昂贵的资本增加融资会降低银行在每个时期的收益，从而降低其预期收益，因此，资本要求可以消除短视银行的道德风险。⑤

　　还有一些文献使用模拟的分析方法，研究了银行面对监管环境变化时可

---

① Besanko, D. and G. Kanatas. The regulation of bank capital: Do capital standards promote bank safety? [J]. Journal of Financial Intermediation, 1996, 5, pp. 160 ~ 183.

② Blum, J., Hellwig, M. The macroeconomic implications of capital adequacy requirements for banks [J]. European Economic Review, 1995, 39, pp. 739 ~ 749.

③ Stephen, Schaefer. Non-Linear Value-at-Risk [M], 1998.

④ Santos, J. A. C. Bank capital regulation in contemporary banking theory: A review of the literature [R]. BIS working, 2000, 9, p. 90.

⑤ Hellmann, T. F., K. C. Murdock, and J. E. Stiglitz. Liberalization, moral hazard in banking, and prudential regulation: Are capital requirements enough? [J]. American Economic Review, 2000, 90, pp. 147 ~ 165.

能作出的应对。如凯伦（Caley）和罗布（Rob）建立了一个模型，并用美国银行业 1984～1993 年的数据对模型进行了校准，然后分析了提高扁平资本要求和基于风险的资本要求对银行风险承担行为的影响。[①] 其研究发现，一个资本严重不足的银行为了改善其资本头寸会最大化其风险。该结果建议，在那些不具有清偿能力的银行中，道德风险是一个严重的问题：资本较为不足的银行会追求一个更为保守的投资策略；资本充足的银行当其远离破产时，就会承担更多的风险，而且风险较高的资本会产生一个较高的预期回报。富弗范茵（Farfine）的模型中，银行会以较少的成本，最大化其未来利润的贴现值，成本包括资本结构调整的成本、发行股票的成本以及因没有满足资本要求而产生的成本。[②] 该模型中，银行资本水平和风险之间是非线性关系。富弗范茵使用美国大商业银行 1989～1997 年的数据评估了其模型，他预测最低资本要求的增加将导致贷款和证券以几乎相同的百分比降低。相反，一个基于风险的资本要求的增加，将导致银行贷款水平降低，并且转向投资于风险较低的资产组合。

对银行资本监管有效性的实证分析主要考虑了两个问题：一是最低固定资本要求是否使一些银行维持较高的资本比率；二是固定资本比率要求是否成功地限制了银行的风险承担。资本要求是否使银行提高了其资本比率？对这个问题的实证研究是一个挑战。特别是在其他因素不变的情况下，如何设计一个"有"和"没有"的资本要求时银行行为的比较是困难的。早期的文献，如迪特里希（Dietrich）和詹姆斯（Jammes），研究了在 1981 年正式的资本要求还没有实施之前的银行行为，研究表明，非正式的指导性质的资本监管要求对银行的行为的影响要小。[③]

使用局部调整回归模型分析银行资本监管对银行资本比率影响的主要人物有克利（Keeley）、施里夫斯（Shrieves）和达尔（Dahl）、杰奎斯（Jacques）和尼格罗（Nigro）、阿加汴（Aggar）和杰奎斯（Jacques）、汉考克（Hancock）和威尔科克斯（Wilcox）。克利（Keeley）的结论很难解释资本监

---

① Calem, P. S. and R. Rob. The impact of capital-based regulation on bank risk-taking: A dynamic model, Board of Governors of the Federal Reserve System [J]. Finance and Economics Discussion Series, 1996, 96, pp. 12～36.

② Craig Furfine. Risk Assessment for Banking Systems [M], 2000.

③ Kupiec, Paul H. and James M. O'Brien. The Pre-commitment Approach: Using Incentives to Set Market Risk Capital Requirements, Federal Reserve Board [M]. Finance and Economics Discussion Series, 1995, March, p. 14.

管是否使银行增加了资本比率，因为他没有考虑非监管因素对资本比率的影响。① 施里夫斯（Shrieves）和达尔（Dahl）使用了 1800 个参加了联邦存款保险公司（FDIC）保险的银行，在 1983～1987 年的银行数据。研究发现，资本比率低于 7%（当时监管当局的规定）的银行比其他银行的资本比率每年平均提高 140 个基准点。② 阿加汴（Aggarwal）和杰奎斯（Jacques）按照施里夫斯（Shrieves）和达尔（Dahl）的方法，使用 1991 年、1992 年、1993 年美国银行跨地区的数据，其研究也发现，资本监管是有效的。③ 沃尔（Wall）和彼德森（Petterson）的研究结果表明，资本监管对银行资本比率的影响非常强烈。④⑤ 弗朗（Furlong）研究了 1975～1986 年，巴塞尔协议实施之前，资本要求对美国 98 个银行控股公司的影响。⑥ 其方法始自布莱克—斯科尔斯（Black - Scholes）的观点，银行的市场注资可以看做是买入期权价值。弗朗（Furlong）发现，和前期相比，用这种方法衡量的样本银行的资产风险是 1981～1986 年的两倍，资产风险的增加抵消了资本头寸的改善，违约风险增加。另外，与资本充足的银行相比，资本不足银行的资产风险增加并不显著。然而在有约束力的资本要求实施之前的 1981 年，资本充足银行的资本比率也上升了。如果 1981 年的银行资本水平是想要的资本水平或均衡的资本水平，弗朗（Furlong）的发现与金（Kim）和桑托姆罗（Santomero）的分析是不一致的，后者的分析认为资本充足的银行是不受资本监管限制的，固定资本标准的引入使资本充足和资本不足的银行都增加了目标资本等级，在这种情况下，弗朗（Furlong）的发现与金（Kim）和桑托姆罗（Santomer）的分析则是一致的。谢尔登（Sheldon）分析了在 1987～1994 年，10 个国家、219 个银行的股票和资产因巴塞尔协议的实施而发生的变化。其结果表明巴

---

① Keeley, M. C. Bank capital regulation in the 1980s: Effective or ineffective, Federal Reserve Bank of San Francisco Economic Review [M]. 1988, Winter, pp. 1～20.

② Shrieves, R. and D. Dahl. The relationship between risk and capital in commercial banks [J]. Journal of Banking and Finance, 1992, 16, pp. 439～457.

③ Aggarwal R. and K. Jacques. A simultaneous equation estimation of the impact of prompt corrective action on bank capital and risk [J]. Journal of Banking and Finance, 2001, 25, pp. 1139～1160.

④ Wall, L. D., and D. R. Peterson. The effect of capital adequacy guidelines on large bank holding companies [J]. Journal of Banking and Finance, 1987, 11, pp. 581～606.

⑤ Wall, L. D., and D. R. Peterson. Bank holding company capital targets in the early 1990s: The regulators versus the markets [J]. Journal of Ranking and Finance, 1995, 19, April.

⑥ Furlong, R., Changes in bank risk-taking, Federal Reserve Bank of San Francisco Economic Review [M]. 1988, Spring, pp. 45～56.

塞尔协议的实施增加了银行资产的风险。[①] 使用 1989 ~ 1993 年的美国银行数据，埃弗里（Avery）和柏格（Berger）分析了银行的经营和 RBC（基于风险的资本要求）相连的风险权重和对 RBC 的遵从。[②] 他们发现，风险权重资产/无风险权重资产比率较高的银行前景较差，银行不能满足新标准的程度是银行未来经营问题的一个很好的标志，但银行的资本超过标准的程度并不能预测银行未来会很好地经营，而且基于风险的资本标准比扁平资本标准所提供的这方面的信息更多。施里夫斯（Shrieves）和达尔（Dahl）分析了 20 世纪 80 年代中期美国银行业资本变化和资产组合风险的变化之间的关系。[③] 他们发现，在资本要求和银行风险承担之间存在正的联系。事实上对所持有的资本超过最低资本要求的银行而言，资本要求和其风险承担之间也存在这样的关系。其研究建议，除非监管工具限制，银行会通过增加资产组合的风险来抵消资本监管要求。1989 ~ 1993 年，美国银行的风险敞口降低，1989 年银行仅持有占贷款 15% 的债券，到 1993 年这一比例上升到 22%。豪伯里奇（Haubiel）和瓦奇特尔（Wachtel）使用离差的方法研究了这一问题，其研究建议，1988 年巴塞尔协议的实施使资本不足的银行降低了其风险敞口。[④] 杰奎斯（Jacques）和尼格罗（Nigro）使用了与施里夫斯（Shrieves）和达尔（Dahl）相同的数学方法，[⑤] 研究了在 1988 年巴塞尔协议实施的第一年，美国银行的资产组合风险敞口和基于风险的资本标准之间的关系。[⑥] 他们发现，基于风险的资本要求很显著地提高了所有银行的资本比率，并降低了其风险敞口。这一结果，即资本比率的变化和风险是负联系，与施里夫斯（Shrieves）和达尔（Dahl）的正联系恰好相反。

使用同样的框架，阿加汴（Aggarwal）和杰奎斯（Jacque）考察了 PCA

① Sheldon, G. Capital adequacy rules and the risk-seeking behavior of banks: A firm-level analysis [J]. Swiss Journal of Economics and Statistics, 1996, 132, pp. 707 ~ 734.

② Avery, R. B., A. B. Berger. Risk-based capital and deposit insurance reform [J]. Journal of Banking and Finance, 1991, 15, pp. 847 ~ 874.

③ Shrieves, R. and D. Dahl. The relationship between risk and capital in commercial banks [J]. Journal of Banking and Finance, 1992, 16, pp. 439 ~ 457.

④ Haubrich, J. G. and Wachtel, P. Capital requirements and shifts in commercial bank portfolios [R]. Federal Reserve Bank of Cleveland Economic Review, 1993, 29, pp. 2 ~ 15.

⑤ 二者对资本衡量的方法是相同的，但对于风险的两个成分（资产在风险种类中的分配和贷款的质量）是风险权重资产还是总资产的比率持不同意见。

⑥ Jacques, K. and P. Nigro. Risk-based capital, portfolio risk, and bank capital: Asimultaneous equations approach [J]. Journal of Economics and Business, 1997, 49, pp. 533 ~ 547.

法案（迅速纠正行动条款）对银行资本比率和资产组合风险水平的影响。①其研究发现，在 1992 年和 PCA 标准生效的第一年，无论是资本充足的银行还是资本不足的银行，都提高了资本比率并降低了资产组合的风险敞口。综上所述，实证研究表明，无可靠的证据证明资本要求确实在一段时间内增加了银行对风险的承担，不过，资本监管似乎能够影响银行的行为，且监管越严格影响越大。在扁平资本标准要求下，银行会提高资本水平或是降低资产组合的风险以遵循资本监管要求。然而，银行有通过增加资产组合的风险来抵消资本增加的逆向激励。

　　直至 20 世纪 90 年代初期美国经济的衰退，经济学家们开始关注资本监管的效率这样一个新的问题，即资本充足性管制的实施或加强，是否会导致银行缩减资产、减少贷款，从而使宏观经济陷入衰退。亚洲金融危机爆发后，韩国、泰国、马来西亚等国家被迫实行真正的资本充足性管制，银行的资本充足率有了显著的提高，但是在实行管制后的一段时期内，这些国家的经济却出现了停滞不前的状况。引起了理论界的广泛兴趣，经济学家们对这一现象进行了研究。绝大多数的实证分析，如汉考克（Hancock）和威尔科克斯（Wilcox）②③ 等，都表明由于实行资本充足性管制，1990～1992 年美国银行业资本金的突减造成了银行存、贷款的缩减，从而一定程度上使美国经济陷入衰退。玛丽亚（Maria）等使用 15 个发展中国家的数据进行了实证研究，发现在这些实施资本充足性管制的发展中国家同样存在着这一现象。④ 巴塞尔委员会在 1999 年的一份关于银行监管的报告中称："某些证据表明，在美国和日本经济衰退时，银行资本充足性管制的压力，一定程度上限制了银行这一时期的贷款，并导致了其他经济部门的衰退。"波士顿联邦储备银行主席里查德（Richard）赛伦（Syran）则把这一现象称为"资本性紧缩"。一些研究给出了提高银行资本监管效率的对策建议。库匹斯（Kupiec）和 O. 布

　　① Aggarwal R. and K. Jacques. A simultaneous equation estimation of the impact of prompt corrective action on bank capital and risk [J]. Journal of Banking and Finance, 2001, 25, pp. 1139～1160.

　　② Hancock, D., and J. A. Wilcox. Has there been a capital crunch in banking? The effects on bank lending of real estate market conditions and bank capital shortfalls [J]. Journal of Housing Economics, 1993, 3, pp. 31～50.

　　③ Hancock, D., and J. A. Wilcox. The Credit Crunch and Availability of Credit to Small Business [J]. Journal of Banking and Finance, 1998, 4, pp. 99～123.

　　④ Maria C., Govanni M. The Macroeconomic Impact of Bank Capital Requirements in Emerging Economies [J]. Journal of Banking and Finance, 2002, 26, pp. 881～904.

赖恩（O'Brien）、① 普雷斯科特（Prescott）、② 阿普洼腾（Arprutan）和瓦罗特（Varotto）③ 提出了对资本监管机制进行改进的思路，他们使用 PCA（预先承诺），承认了风险管理在一个相对较长的时期内决定银行的风险头寸的作用，这一有弹性的机制可以提供更有利的激励机制，而且降低银行的成本，摒弃了基于事前估计的银行风险监管资本要求，而代之以银行和监管当局之间的最优激励合约所内生的资本要求，但这一机制也有其弊端。本塞德（Bensaid）、佩奇（Page）和罗切特（Roche）的研究主要是寻找一个更有效率的清偿力监管，此监管可以使存款保险下银行的效益最大化。他们发现，向银行提供一系列的包括清偿力和质量要求的清单可以提高监管效率。④ 罗切特（Roche）使用契约理论分析了银行资本监管问题，认为为了解决银行资本监管中的委托代理问题，提高监管效率，应从严格的刚性监管方式转向有一定的弹性。⑤ 赫尔曼（Hellman）等认为最低资本要求可能无高效率，故建议同时使用资本要求和存款利率上限来减少银行的冒险行为。米尔恩（Milne）则提出了激励相容的银行资本监管机制，和 Kupiec，O. 布赖恩（O'Brien）、普雷斯科特（Prescott）、阿普洼腾（Arprutan）与瓦罗特（Varotto）不同的是，其建议并不是要取代现有的资本监管机制，而是强调对银行的资本监管不能仅仅从监管的目标出发，而应参照银行的经营目标，将银行的内部管理纳入监管范围，引导这两种力量来支持监管目标的实现。⑥

陈忠阳认为加强银行风险管理和让资本发挥它的作用的最终解决方案在

① Kupiec, Paul H. and James M. O'Brien. The Pre – Commitment Approach: Using Incentives to Set Market Risk Capital Requirements [M]. Federal Reserve Board, Finance and Economics Discussion Series, 1995, March, p. 14.

② Edward S. Prescott. The Pre-commitment Approach in a Model of Regulatory Banking Capital, Economic Quarterly [M], 1997, 83, pp. 23 ~ 50.

③ Arupratan Daripa and Simone Varotto. Agency incentives and reputational distortions: A comparison of the effectiveness of Value-at-Risk and Pre-commitment in regulating market risk, Bank of England [M], 1997, pp. 142 ~ 6753.

④ Bensaid B. , H. Pages and J. C. Rochet. Effcient Regulation of Banks Solvency [R]. Working Paper, 1993, 20.

⑤ Jean-Charles Rochet. Solvency Regulation and the Management of Banking Risks [J]. European Economic Review, 1999, 43, pp. 982 ~ 990.

⑥ Milne, A. , Elizabeth Whalley, A. , Bank capital regulation and incentives for risk-taking, Mimeo [N] . City University Business School, London, 2001. Available from 〈http://www.staff.city.ac.uk/amilne〉.

于对国有商业银行进行股份制改造，然后将它们推向股票市场，尤其是国外的制度完善的成熟市场。① 陈正虎也认为把国有商业银行改造为股份有限公司并在境内和境外同时上市可以迅速地筹集股本，又可以利用市场机制促进公司治理结构的健全，另外，他还提出要完善公司的治理结构，应该使股权持有主体尽量多元化。② 但张杰却指出，上市解决不了中国社会信用低下的问题，不能改变商业银行受制于所在地政府的现实状况，也无法解决目前存在的企业对银行的依赖。③

还有学者对利用长期次级债券来补充资本金提出了自己的看法。郑鸣、陈捷琼指出我国附属资本所占比例极小，核心资本充足率是不低的，影响总资本充足率的是附属资本的缺乏，尤其是次级债券的空白，所以要利用次级债务这条途径。④

五、公司治理、内部控制

近年来，国内外学者对于公司治理的概念没有一致的认识，他们从不同的角度或方面来定义公司治理。公司治理明确地作为一个"概念"出现在经济学文献中，最早是在 20 世纪 80 年代初期，在这之前，威廉姆森（O. E. Williamson）1975 年发表的《市场与科技：一种分析及对托拉斯的启示》中曾提出"治理结构"的概念。

德沃特里庞（Dewatripont）和泰勒尔（Tirole）指出银行监管的原因是，银行内部所有权和经营权分离而导致的公司治理结构问题。⑤ 当银行股东和经理人存在信息不对称，使得他们之间不能签署"完备"合约时，银行的资本结构就显得非常重要，因为资本结构决定了控制权在债权人和股东之间的分配。银行的债权人（储户）由于过度分散和处于信息劣势使得他们无力监管银行，无法获取相应的控制权，那么政府就应作为普通储户的代言人进行银行监管。德沃特里庞（Dewatripont）指出最优的监管方式是，在银行经营良好时减少干预以作为对经理人的奖励，同时在银行经营不佳时增加干预以

---

① 陈忠阳：《新巴塞尔资本协定回顾与启示》[J]，《金融时报》，2004 年第 1 期。

② 陈正虎：《国有商业银行改造的股权结构选择》[J]，《经济学家》，2001 年第 4 期。

③ 张杰：《国有银行的存差：逻辑与性质》[J]，《金融研究》，2003 年第 6 期。

④ 郑鸣、陈捷琼：《国有商业银行发行次级债券补充资本金的研究》[J]，《国际金融研究》，2002 年第 10 期。

⑤ Dewatripont, M., Tirole, J.. The prudential regulation of banks [M]. MIT Press, Cambridge, 1995, 3.

作为对经理人的威胁。由于股东支付函数的凸性（偏好少干预）以及储户支付函数的凹性（偏好多干预），资本充足率越低，股东选择的风险就越大，而储户选择的风险就越小。德沃特里庞（Dewatripont）认为最优的监管机制是当银行的经营绩效变坏时，控制权由股东向代表储户利益的监管当局转移，而这个"阈值"是由最低资本充足率水平决定的。罗切特（Roche）、[①] 戈顿（Gorton）和温顿（Winton）指出当银行经理人和政府监管当局存在信息不对称和利益冲突时，经理人选择的努力程度将偏离社会的最优水平，从而导致了低效率。[②] 他们还认为引入存款保险和进行资本充足率监管可以限制经理人资产和资本选择的空间，使得经理人的努力程度回复到社会最优的水平上来。戈顿（Gorton）和罗森（Rosen）在"不完全"监管（存款保险是"全保险"并且资本充足率要求极易达到）的条件下，用委托—代理模型阐述了银行股东与经理人的利益冲突，发现经理人的风险决策行为过于"冒险"并且偏离了最优水平。[③] 约翰（John）、桑德斯（Saunders）和森伯特（Senbet）在不考虑资本充足率监管的条件下，描述了银行经理人和股东的利益冲突，探讨了如何设计最优的激励合约使得银行经理人在投资决策时达到帕累托最优的水平。[④]蒲勇健、宋军运用委托—代理理论阐述了银行股东和经理人的利益冲突，分别研究了当期剩余所有权激励机制、当期和长期剩余所有权结合的激励机制，论证了中国股份制银行普遍实行的当期剩余所有索取权的制度缺陷，以及给银行委托人利益带来的负面影响。[⑤]

六、市场力量约束

国外研究关于市场约束的含义及内容的表述有很多。伯格（Berger）认为市场约束就是指私人部门的利益代表在面对由银行的过度风险投资行为而

---

① Rochet, J. Capital requirements and the behaviour of commercial banks [J]. European Economic Review, 1992, 36, pp. 1137～1178.

② Gorton. Relationship Lending Within A Bank-Based System: Evidence From European Small Business Data [M], 1995.

③④ Saunders, A., E. Strock, and N. G. Travlos. Ownership structure, deregulation, and bank risk taking [J]. Journal of Finance, 2000, 45, pp. 643～654.

⑤ 蒲勇健、宋军:《剩余索取权对银行代理人激励机制的博弈研究》[J],《金融研究》, 2004年第 1 期。

引致的成本时，所采取的基于这些成本的自我保护行为。[①] 投资者的反应分为三个层次：第一，投资者可以监督银行的状况，要求高风险银行支付较高利率。第二，如果银行拒绝支付高利率，至少一部分投资者可以从银行提走未保险的资金。对此，银行要吸收新资金或缩减其活动。这个过程虽然没有给监管者产生价格信息，可从未保险到受保险资金来源的流动了解到市场估计的信息，而且未保险资金的提现可能会迫使银行缩减。这样，投资者的行为影响了银行的头寸。第三，使银行恢复到初始的风险水平。利率行为影响了银行的头寸或提现的威胁可能使银行通过降低资产规模或发行新股恢复其资本率。弗兰纳里（Flannery）、尼克罗威（Nikolova）将市场约束定义为，私有者——股东和债券持有人——对银行条件作出反应，并据此帮助监管者认清问题状况、采取正确办法的情况。[②] 布利斯（Bliss），弗兰纳里（Flannery）把市场约束区分为两个部分：监督和影响。市场监督是指投资者能正确了解银行条件的变化，并将其迅速反映到银行证券价格上的过程。监督产生的市场信号可能会向监管者传递一些有用的信息。市场影响指证券价格的变化影响银行行为的过程，即证券价格的改变促使银行作出反应以应对变化。[③] 韩志萍认为市场约束主要是指，银行有关的债权人获取不利的市场信号以后，要挟银行提高利率，以提高资本和存款成本的方式惩罚高风险银行，从而抑制其冒险的欲望。市场约束必须建立在信息透明的基础上，否则市场信号就无法切实发挥作用。[④] 陈俊龙、孔令昕、孔曙东对市场约束进行了更具体的表述，认为市场约束是指银行的债权人和所有者以及其他相关利益者，借助于银行自愿及监管当局强制的信息披露和有关社会中介机构，如律师事务所、会计师事务所、审计师事务所、资信评估机构等对银行相关信息的披露，通过自觉提供监督和对银行实施约束，改变其市场份额甚至最终把管理落后或不稳健的银行逐出市场，来迫使银行安全稳健经营的行为与过程。更进一步来说，债权人通过对银行信息的分析，要求银行支付较高的存款利率

---

① Avery, R. B. , A. B. Berger. Risk-based capital and deposit insurance reform ［J］. Journal of Banking and Finance, 1991, 15, pp. 847～874.

②③ Flannery, M. . Capital regulation and insured banks' choice of individual loan default rates ［J］. Journal of Monetary Economics, 1989, 24, pp. 235～258.

④ 韩志萍：《银行监管的微观基础和战略监管体系选择》［J］，《中央财经大学学报》，2003 年第 10 期。

或从银行撤走资金来行使市场约束；股东通过卖出他们的股票，迫使银行股票价格下跌来行使市场约束。这样使银行面临潜在的高成本及被逐出金融市场的风险，从而迫使银行的经营与管理者对高风险的业务持审慎态度，否则银行将面临生存问题。[1] 谢朝华、彭建刚认为市场约束是利益相关者参与银行治理的外部机制，流动性援助和存款保险是维护金融稳定的安全设施，市场约束、流动性援助和存款保险的激励兼容才能增加银行审慎经营可能性。在一定的制度设施基础上，完善市场约束、减少流动性援助和存款保险带来的道德风险，而建立一个市场约束、流动性援助和存款保险激励兼容的外部框架有利于银行的审慎经营。[2]

七、新巴塞尔协议与资本监管

1988 年的巴塞尔协议由于对银行资本充足率的国际一致性规定过于粗糙和缺乏对银行表现的管理和界定，一直以来饱受批评。为了保护存款者和存款保证金免予资本不足或银行粗心管理的影响和防止大范围的银行挤兑而导致的银行瘫痪，1988 年的条款简要规定了银行至少要持有以风险资产 8% 的资本充足率。许多批评认为 1988 年的条款对所有银行一视同仁而导致 "监管套利"，即是它忽略了现代信用风险管理技术，不能将动态资本监管考虑在内并且它忽略了辅助监管工具如主管监管或及时纠正监管。丹格勒（Dangler）、泽奇勒（Zecher）在他们的论文《信用风险和动态资本结构选择》中提出了一个在连续时间框架下的负债完全动态模型，[3] 论文帮助理解了风险中一个重要方面，这也是巴塞尔协议中众多未决问题之一。Ayuso、阿优索、绍瑞纳（Saurina）在他们的论文《资本缓冲是否倾向于顺周期》中指出，一个简单的经验事实可将此讨论置于一个新视角。[4] 通过收集西班牙银行1986 ~ 2000 年的面板数据，他们得出：平均水平上的资本要求对银行基本没有法律约束力，并且银行所持有的资本超过了监管者逆周期改变所要求的数量。近

---

① 陈俊龙、孔令昕、孔曙东：《银行业市场约束初探》[J]，《武汉金融》，2001 年第 1 期。

② 谢朝华、彭建刚：《市场约束、流动性援助与存款保险——基于银行审慎经营的激励兼容分析》[J]，《中央财经大学学报》，2007 年第 1 期。

③ Shrieves, R. and D. Dahl . The relationship between risk and capital in commercial banks [J]. Journal of Banking and Finance, 1992 , 16, p. 439 ~ 457.

④ Ayuso. Improvements in HMM-based isolated word recognition system [M] ,2002.

年来，彼得森（Petterson）和罗京（RaJan），[①] 俄岗敦（Ergungor）、凯希亚普（Kashyap）、斯德茵（Stein）强调承诺在银行借贷中所扮演的中心角色，其他一些研究者得出了信用等级定价的备选公式。[②] 塞克（Thakor）、洪（Hong）、戈林鲍姆（Greenbaum）、桑德斯（Saunders）得出了固定利率承诺下的期权价值。[③] 塞克（Thakor）、蔡特（Chateer）、迪弗雷纳（Dufresne）得出了非延期可变利率承诺的做空公式。霍金斯（Hawkins）以信用等级为中心定价。[④] 据我们所知，延期或转期承诺，即那些初始承诺期被延至另外时期，尚未定价。在 BIS 管理系统框架内，对借款延期承诺的定价有优先权，必须承诺在 1 年到期和大于 1 年到期的借款不可撤销。他们在延期方差的研究上取得了一些进步。豪泽（Hauser）、劳特伯奇（Lauterbach）则定价了延期凭证。[⑤]

八、金融监管与金融创新

创新概念首先是由著名经济学家熊彼特于 1912 年在他的著作《经济发展理论》中提出的。依据熊彼特的说法，创新就是建立一种新的生产函数，把一种从来没有过的生产要素和生产条件的生产组合形式，引入到社会生产体系中的过程。金融创新就是对创新概念在金融领域的一种应用，沿用熊彼特关于创新的说法，"金融创新就是在金融领域中建立一种新的生产函数，是各种金融要素的新的组合，是为了追求利润机会而形成的改革"。国内外对于金融创新的各方面进行了研究，以下我们将对金融创新与银行监管的相互关系进行回顾。关于金融创新所带来的监管，风险和金融体系的不稳定性等问题，国内学者观点不一。谢平认为许多新的金融产品主要是来源于两个目的：一个是规避风险；另一个是逃避监管。谢平认同凯恩斯的规避管制理

---

① Wall, L. D, and D. R. Peterson. Bank holding company capital targets in the early 1990s: The regulators versus the markets [J]. Journal of Ranking and Finance, 1995, 19, April.

② Kashyap, A. K., Rajan, R. and Stein, J. C.. Banks as liquidity providers: An explanation for the coexistence of lending and deposit-taking [J]. Journal of Finance, 2002 (57), pp. 33~73.

③ Ho, T. S. Y. and Saunders, A. Fixed rate loan commitments, take down risk and the dynamics of hedging with futures [J]. Journal of Financial and Quantitative Analysis, 1983 (18), pp. 499~516.

④ Hawkins, G. D. An analysis of revolving credit agreements [J]. Journal of Financial Economics, 1982 (10), pp. 59~81.

⑤ Hauser, S. and Lauterbach, B. Empirical tests of the Long staff extendible warrant model [J]. Empirical Finance, 1996 (3), pp. 1~14.

论。[1] 阎庆民对金融监管的有效性分析，发现金融创新降低了金融监管的有效性，监管当局应用创新的监管手段和方式予以应对。[2] 刘笑萍认为市场性创新虽有助于提高效率，但可能造成金融风险。但是如果制度性创新与市场性创新相互适应，则在提高金融交易效率的同时，也可以有效地规避风险。[3] 张亦春认为金融创新与金融安全之间是相辅相成的关系。[4] 巴曙松认为金融监管应当尊重金融机构的创新能力，实行激励相容的监管与鼓励金融创新的监管理念。[5] 尹龙认为金融创新应该成为提高金融效率的重要手段，指出我国的金融监管体制改革应当重视金融创新与金融监管两者之间的互补关系，规范并鼓励金融创新的发展。[6]

第二节　金融监管理论的演变

政府干预还是自由放任问题，历来是各经济学派争论的主要焦点，尽管金融监管本身并不等同于政府干预，但是金融监管理论却受着政府干预理论的强力支持，因而也随着争论双方的此消彼长而发生变化。同时，金融监管活动又具有很强的实践性和历史性，因此，我们在对金融监管理论的发展脉络进行回顾分析时，既要考虑到当时主流经济学思想和理论的影响，还必须考虑到当时金融领域的实践活动和监管理念。

一、20 世纪 30 年代以前：金融监管理论的萌芽

20 世纪 30 年代以前，是经济自由主义盛行并占据统治地位的时期，放任自流的经济政策得到西方主流社会的普遍推崇，人们坚信"看不见的手"的力量与市场机制的完美性。中央银行对金融机构经营行为基本上不干预，更不对利率等金融服务和市场价格进行直接控制。政府对金融活动实施监管的法规依据最初可以追溯到 18 世纪初英国颁布的旨在防止证券过度投机的

---

① 谢平：《现代金融监管理论和中国金融监管中的问题》[J]，《南方金融》，2001 年第 1 期。
② 阎庆民：《金融全球化中央银行监管有效性分析》[J]，《金融研究》，2002 年第 2 期。
③ 刘笑萍：《金融创新与金融风险的内在机理和外在表现》[J]，《金融会计》，2002 年第 1 期。
④ 张亦春：《金融安全与金融创新相辅相成》[J]，《现代商业银行》，2002 年第 7 期。
⑤ 巴曙松：《巴塞尔新资本协议与银行监管新核心》[J]，《财经界》，2003 年第 1 期。
⑥ 尹龙：《金融创新理论的发展与金融监管体制演进》[J]，《金融研究》，2005 年第 3 期。

《泡沫法》，① 它标志着世界金融史上政府实施金融监管的正式开始。由于当时人们对于货币功能的理解还远不完全，所以金融监管的对象只限于股票等金融产品。

中央银行统一货币发行和统一票据清算之后，许多金融机构常常由于不谨慎的信用扩张而引发金融体系连锁反应式的波动，进而引起货币紧缩并制约经济发展。因此，作为货币管理者，中央银行逐渐开始承担起信用"保险"的责任，作为众多金融机构的最后贷款人，为其提供必要的资金支持和信用保证，其目的是防止因公众挤提，而造成银行连锁倒闭和整个经济活动的剧烈波动。

这样，中央银行就逐渐衍生出最后贷款人的职能，承担稳定整个金融和经济体系的责任。"最后贷款人"（LLD）制度仍然算不上金融监管，但是它却为中央银行后来进一步自然演变为更加广泛的金融活动的监管者奠定了基础。因为中央银行的最后贷款可以成为迫使金融机构遵从其指示的一个重要砝码，由此，中央银行就有可能而且也有必要进一步对金融机构的经营行为进行检查。这种对经营行为的检查活动一直发展到现代央行对所有金融机构，主要是商业银行进行的各种现场检查和非现场检查。但这种检查主要是基于贷款协议的安排，类似于商业银行对借贷企业所进行的财务及信用检查，而不是行政上或法律上的行为。所以，不是真正现代意义上的金融监管。

总而言之，20 世纪 30 年代以前的金融监管理论主要集中在实施货币管理和防止银行挤提政策层面，对于金融机构经营行为的规制、监管和干预都很少论及，这种状况与当时自由市场经济正处于鼎盛时期有关。然而，30 年代的大危机最终扭转了金融监管理论关注的方向和重点。

二、20 世纪 30～70 年代：严格监管、安全优先

在 20 世纪 30 年代大危机中，大批银行及其他金融机构的倒闭，给西方市场经济国家的金融和经济体系带来了极大的冲击，甚至影响到了资本主义的基础。30 年代的大危机表明金融市场具有很强的不完全性，在金融市场上，由于市场信息的不完全和金融体系的本身特点，市场的运作有时也会

---

①　《泡沫法》（Bubble Act）17 世纪荷兰、英国分别发生了"郁金香泡沫"事件和"南海泡沫"事件，18 世纪初法国则发生了"密西西比泡沫"事件，这两次事件都是典型的狂热证券投机，泡沫崩溃后使英国和法国的经济遭受了沉重打击。在这几场金融风波的推动下，1720 年 6 月英国颁布旨在防止过度证券投机的《泡沫法》。

失灵。

大危机后，立足于市场不完全、主张国家干预政策和重视财政政策的凯恩斯主义取得了经济学的主流地位。在这一时期，金融监管理论主要以维护金融体系安全，弥补金融市场的不完全为研究的出发点和主要内容。主张政府干预，弥补市场缺陷的宏观政策理论，市场失灵理论和信息经济学的发展进一步推动了强化金融监管的理论主张。这段时期的金融监管理论研究成果认为，自由的银行制度和全能的金融机构具有较强的脆弱性、不稳定性，认为银行过度参与投资银行业务，并最终引发连锁倒闭，是经济危机的导火索。

三、20 世纪 70 ~ 80 年代末：金融自由化、效率优先

20 世纪 70 年代，困扰发达国家长达十年之久的"滞胀"宣告了凯恩斯主义宏观经济政策的破产，以新古典宏观经济学和货币主义、供给学派为代表的自由主义理论和思想开始复兴。在金融监管理论方面，金融自由化理论逐渐发展起来，并在学术理论界和实际金融部门不断扩大其影响。

金融自由化理论主要从两个方面对 20 世纪 30 年代以后的金融监管理论提出了挑战。一方面，金融自由化理论认为政府实施的严格而广泛的金融监管，使得金融机构和金融体系的效率下降，压制了金融业的发展，从而最终导致了金融监管的效果与促进经济发展的目标不相符合；另一方面，金融监管作为一种政府行为，其实际效果也受到政府在解决金融领域市场不完全性问题上的能力限制，市场机制中存在的信息不完备和不对称现象，在政府金融监管过程中同样会遇到，而且可能更加严重，即政府也会失灵。

"金融压抑"和"金融深化"理论是金融自由化理论的主要部分，其核心主张是放松对金融机构的过度严格管制，特别是解除对金融机构在利率水平、业务范围和经营的地域选择等方面的种种限制，恢复金融业的竞争，以提高活力和效率。

如果说 20 世纪 30 ~ 70 年代金融监管理论的核心是金融体系的安全优先的话，那么，金融自由化理论则尊崇效率优先的原则。80 年代初基本形成了三类监管理论体系：源于新古典经济学的公共利益监管理论、以施蒂格勒（Stigler, 1971）和波斯纳（Posner, 1974）为代表的监管经济理论及凯恩（Kane, 1981）的监管辩证理论。

尽管公共利益理论一直在监管经济学领域居正统地位，但在 20 世纪 70 年代前后出现了范式危机。首先，从规范分析的角度对理论隐含的行为假设提出质疑。公共利益理论认为监管是应保护公共利益而提供的，这里显然缺

少一个链接点——立法政策或安排如何将公共利益最大化的公共行为转化为立法行动。其次，"阿罗不可能定理"对政府监管职能的质疑。古典效用主义认为个人福利可以计算，并且经简单加总即形成社会福利。但阿罗指出，经由个人的偏好次序推出社会的偏好次序是不可能的，不存在一种把个人偏好加总为社会偏好的理想方法，因此政府监管在理论上不可能达到社会福利最大化目标。再次，从实证分析的角度对公共利益理论提出的质疑。1962年，施蒂格勒和弗里德兰通过对电力行业价格管制的实证研究，发现监管并没有实现公共利益理论所预期的效果，并由此提出了完全不同于公共利益理论的演绎推理。

　　监管经济理论是在继承和发扬了捕获或追逐理论的合理成分并考虑了公众利益的基础上产生的一种理论。该理论视监管为一种经济产品或货物，其分配由供给与需求决定。基于需求方，由于被监管行业拥有其他群体如消费者和政客集团更多的信息，所以市场上公司利益常常更为流行。基于供给方，只要来自政治上更有效的群体的需求比反对它的群体的需求更为强大，政策制定者将供给监管。政府监管不是寻求对市场无效和不公的修正，这与公众利益理论的观点不同。相反监管经济理论与捕获或追逐理论有相似的观点，即它们都认为监管的存在是推动政治上有效群体的经济利益。监管经济理论预示，在被监管的行业群体占主导地位，市场上又存在着大量的相互竞争的公司或组织，市场对监管有较大的需求，而当市场上存在相对较少的竞争的公司，特别当卡特尔制度占优势时，因为卡特尔提供内部监管的成本比外部监管所费成本更为有效，因而市场对监管的需求不大。在监管经济理论中，监管者可能是被捕捉或追逐的对象，也可能被卡特尔制度所取代。被监管行业占主导地位，非行业利益者如消费占从属地位。政客集团（如立法者）是一个理论上不起作用的参与者。一些学者认为监管经济理论较之公众利益理论或捕获或追逐理论有更大的解释力。如波斯纳（Posner，1974）为此提供的理由是：由监管的供求取代了直接的捕捉或追逐而可能出现的误解；监管经济理论提出监管过程中的群体促进其利益；解释了通过卡特尔制度安排和政治上有效的群体对监管过程的主宰，使得监管"为什么"或"怎样"发生。亚当（Adam，1994）对监管经济理论进行分析时认为：国家或政府常常出于经济考虑，如保护竞争，或对一些危机的出现等引发的需求作出反应，并提出相应的供给。拉曼（Rahm，1992）也提出监管的供给，可能出于降低破产、政治和经济成本等的考虑而产生。此外，监管的供给还可能是对政治家自我创造和其他群体，如媒体引发的需求所作出的一种反应。

监管辩证论从动态视角解释了监管过程中政治力量与经济力量相互作用的机制，认为监管由利益集团自己所要求，政府或政治团体供给监管的激励由此产生，但环境变化、目标冲突、金融机构不遵守监管行为不可检验性等原因而影响监管效率、监管目标到位。该理论对再监管过程或逃避再监管过程的分析，凸显了监管供给的不足，由此促成引入监管机构的竞争机制以消除监管供给不足诸问题的监管者竞争理论的提出。

四、20世纪90年代以来：安全与效率并重的金融监管理论

20世纪80年代后半期和90年代初，金融自由化达到了高潮，很多国家放松了对金融市场、金融商品价格等方面的管制，一个全球化、开放式的统一金融市场初现雏形。然而从90年代中期开始，一系列区域性金融危机的相继爆发，迫使人们又重新开始关注金融体系的安全性及其系统性风险，金融危机的传染与反传染一度成为金融监管理论的研究重点。在1997年亚洲金融危机以前，面对各国金融开放的热潮，一批有识之士，如斯蒂格里茨和日本的青木昌彦曾经提出过的金融约束论，成为金融监管理论进一步发展的标志性文献。对于金融危机爆发的原因，在理论界研究甚多。一般倾向于认为，金融自由化和金融管制的放松并不是最主要的，事实证明，很多高度开放的经济体，同时拥有较高的金融自由度和市场稳定性，并且为经济发展提供了效率保证。一些专家认为，问题的关键可能在于，那些实行金融自由化的国家，其政府管理金融活动的能力，以及经济发展和开放策略的顺序可能存在差异。

20世纪90年代的金融危机浪潮推动了金融监管理论逐步转向如何协调安全稳定与效率的方面。与以往的金融监管理论有较大不同的是，现在的金融监管理论除了继续以市场的不完全性为出发点研究金融监管问题之外，也开始越来越注重金融业自身的独特性对金融监管的要求和影响。这些理论的出现和发展，不断推动金融监管理论向着管理金融活动和防范金融体系中的风险方向转变。鉴于风险和效益之间存在着替代性效应，金融监管理论这种演变的结果，既不同于效率优先的金融自由化理论，也不同于30～70年代安全稳定优先的金融监管理论，而是二者之间的新的融合与均衡。

五、《巴塞尔协议》反映监管思想的根本转变

历史地看，20世纪70年代以来，放松管制成为全球银行监管的普遍趋势，与这一趋势相伴而行的，是全球经济一体化的趋势不断加强，金融领域

的创新活动日渐活跃。管制的放松和金融创新的活跃推动了金融市场的快速发展，使得银行竞争日趋激烈，银行经营风险明显加大，促使各国金融监管当局不断探索建立新的经济环境下的金融监管方式，以维护金融市场中银行体系的稳定。同时，伴随着跨国资本流动规模的不断扩大，跨国银行的业务迅速扩大，银行危机传染的可能性增大，各国监管方式上的差异也增大了监管跨国银行的难度，于是，建立适应新的国际环境的、统一的国际银行监管原则和风险管理框架的问题被提上了议事日程。

1975 年 2 月，来自比利时、加拿大、法国、德国、意大利、日本、卢森堡、荷兰、瑞典、瑞士、英国和美国的代表聚会瑞士巴塞尔，商讨成立了"巴塞尔银行监管委员会"。巴塞尔委员会的成立，适应了金融全球化的内在需要，为国际银行业的监管问题提供了一个讨论场所和合作的舞台。巴塞尔委员会资本协议产生至今已经有过 3 个版本。新版本与最初版本相比，可以清晰地反映出国际银行业风险管理的新进展。1988 年的巴塞尔资本协议曾被认为是国际银行业风险管理的"神圣公约"，2001 年的新资本协议草案较之1988 年的巴塞尔协议更为复杂、全面，而期间发布的许多监管原则大多是对1988 年监管原则的补充和完善。

2001 年的新资本协议框架，可以说是当今国际金融环境下银行风险管理的又一国际范本，其最终形成和实施必然会对全球银行业产生深远的影响。2001 年巴塞尔新资本协议框架延续了 1988 年巴塞尔协议中以资本充足率为核心、以信用风险控制为重点、突出强调国家风险的风险监管思路，并吸收了《有效银行监管的核心原则》中提出的银行风险监管的最低资本金要求、外部监管、市场约束三个支柱的原则，进而提出了衡量资本充足比率的新的思路和方法，以使资本充足比率和各项风险管理措施更能适应当前金融市场发展的客观要求。新的资本协议框架使资本充足的监管要求能够更为准确反映银行经营的风险状况，为银行和金融监管当局提供更多的衡量资本充足的可供选择的方法，从而使巴塞尔委员会的资本充足框架具有更大的灵活性来适应金融体系的变化，以便更准确及时地反映银行经营活动中的实际风险水平及其所需要配置的资本水平，进而促进金融体系的平稳健康发展。显然，金融体系的迅速发展和金融全球化已经成为推动全球金融风险管理发展的现实原因和直接动力。

本章小结

　　本章介绍了金融监管的经济理论，从介绍金融监管的产生以及监管的目的开始，阐述了金融监管的必要性。而对于这两方面，理论界已经有了广泛的讨论。本节从存款保险制度、资本充足率监管、公司治理、内部控制、市场力量约束等解决金融危机的具体方式上进行了文献回顾。对于存款保险制度，我们认为它的作用仅是改变人们预期和决策的一种方式，并以此避免银行发生挤兑，但同时应注意到存款保险也会引发的道德风险，它并不是防止银行系统性危机发生的有效方式。我们发现和银行资本监管绩效相关的文献可以分为两大类：一类是研究银行资本监管是否提高了银行的资本比率并降低银行风险的敞口，即银行资本监管是否有效；另一类研究关注的是银行资本监管的效率问题，主要是银行资本监管对银行利润和宏观经济的影响。对公司治理、内部控制和市场约束方面主要的有关文献进行了回顾。在本章第二节，介绍了金融监管理论演变的轨迹。

第三章　从分业经营到混业经营：国际经验

随着全球经济一体化和金融自由化的不断发展，自 20 世纪 70 年代开始，金融混业经营已经逐渐成为金融业的发展趋势，各国由于经济、制度、文化等多方面的差异，使得发展方式与过程各不相同。经营模式的变化必然会对监管方式提出新的要求，这样银行业的监管模式也随之改变，使其能发挥更大的作用。

第一节　美国金融业从分业到混业

一、美国金融业分业经营的产生

20 世纪 30 年代之前，美国金融立法对商业银行经营证券业务基本上没有限制。1929 年美国股市发生暴跌，随之而来的是长期的大萧条，银行业濒临崩溃，银行总数由 25000 家减至 14000 家。一些人认为商业银行对股票市场的投机、1929 年的股市暴跌、银行倒闭和经济大萧条都负有责任。因此，《1933 年银行法案》应运而生。该法案建立了联邦存款保险机构这种金融监管的新方式，并且从法律上将商业银行与投资银行的主要业务进行了分离，而其中的有关商业银行与投资银行业务分离的条款单独成为《格拉斯—斯蒂格尔法案》（"the Glass – Steagall Act"），简称 GS 法案。GS 法案的产生中止了美国商业银行走向全能化的进程，确立了美国对商业银行与投资银行业务（即所谓的证券业务）的划分，结束了 20 世纪 30 年代以前混业经营的历史，建立了分业经营基础上的金融体系。

二、美国金融业向混业经营发展

1. 金融证券化

金融证券化在这里指的是投资者—融资者框架下的"广义金融证券化"，指的是证券业对金融各个主体的渗透所造成的金融业分工形态和格局的变化。证券市场与金融中介机构之间既相互替代又相互补充。美国的金融市场中介机构分为两类：

第一类是以传统的商业银行为代表，包括储蓄银行、储蓄贷款协会、信用社等，当通过其负债业务——吸收存款和资产业务——发放贷款，直接参与到投资者和融资者的债权债务关系当中，在投资者和融资者之间起到"信用中介"作用。

第二类是其他的金融中介机构，包括投资银行、投资公司、各种基金管理公司、保险公司以及信用评级机构等，它们没有参与到投资者与融资者的信用中去，而是为二者提供各种服务，使二者直接确立某种信用关系，它提供了一种服务性中介，表现为一种"金融非中介化"。

我们很容易发现：第一类金融市场中介机构与证券市场存在一定的替代关系，金融"证券化"，金融"非中介化"实际上也表现为这两类金融中介机构在从第一类中介机构手中争夺顾客和资金。而在现实的情况下，在"证券化"过程中，商业银行通过更加积极的资产负债管理、提供表外业务、收购证券公司、收购投资基金，仍然可以维持它们在金融系统中的主导地位。因此，在今天的国际金融市场上，随着商业银行介入投资银行，随着金融创新的发展，信用中介服务和服务性中介服务之间的区别日益模糊。

2. 资产负债表内外的战争

近 20 年来，美国金融市场获得了长足的发展，金融市场内各金融机构之间的竞争也变得更加激烈，特别是各类金融机构与商业银行在贷款方面的竞争更趋白热化，使得商业银行存款利差不断萎缩，在竞争中处于十分不利的地位。争夺分工经济可以主要从资产和负债两方面来考虑。

首先是在资产（以贷款为主）方面的竞争。垃圾债券拉走了众多中小企业借款人；商业票据市场吸引了相当数量的优质公司客户。

其次是在负债（以存款为主）方面的竞争。在 20 世纪 70 年代美国曾出现较高的通货膨胀率，当时的年平均通胀率为 8% ~ 12%，而银行等储蓄机构的法定存款利率上限仅为 5.25%。消费者将资金投向高收益的投资项目，如 1973 年由美林等几家较大的投资银行首创的货币市场基金（MMF）。货币市场基金的出现一方面迫使立法者最终放弃利率上限，并允许银行对交易账户付息；另一方面影响了金融机构之间的分工壁垒，并引发了加快放松监管的步伐。

3. 金融创新

金融机构功能多样化、同质化是市场深化所带来的金融产品多样化的需求所引起的。在社会分工越来越细，商品生产越来越多样化、分散化的前提下，市场结构也越来越复杂化和细化。市场结构的深化会在客观上促使企业对金融机构产生多样化的融资要求和金融服务需求。这种需求一方面会使市场创造出新的多样化的金融机构来满足它，另一方面则更会使现存的金融机构提供多样化的产品和服务。金融创新是分工网络不断扩大、整个市场不断深化的产物，而金融创新本身则从一个侧面反映着市场的重要组成部分——金融市场的深化过程。

三、商业银行从事证券业务的具体模式

在美国，银行从事证券业务的具体模式有以下三种：

模式一：银行控股公司模式。该模式允许银行通过银行控股公司的全资非银行子公司从事证券承销和其他证券业务。银行控股公司直接或间接拥有或控制一家或多家银行25%的有投票权的股票，并对银行经营管理决策有决定性影响。为防止证券公司所产生的任何损失影响其同胞银行以及为避免利益冲突的可能，必须在两者之间建立"防火墙"，这是 GS 法案确立的商业银行与投资银行分离原则，通过对银行与证券公司交易的限制在银行控股公司内部得以实现，如图 3.1 所示。

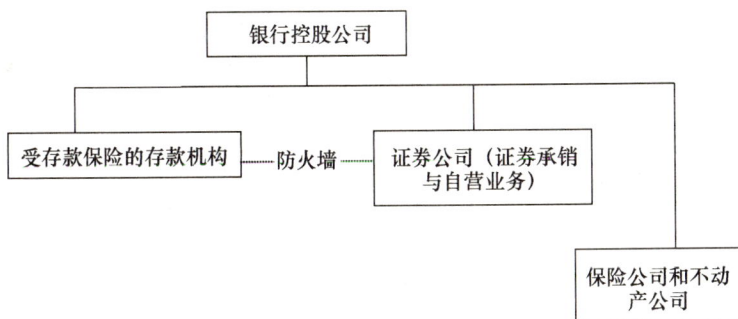

图 3.1 银行控股公司模式

模式二：投资银行控股公司模式。投资银行控股公司不受金融部门间"防火墙"的限制，也不受《联邦储备法》关于银行附属机构间的某些交易的限制。而且，投资银行有更广范围的金融活动空间。投资银行控股公司实际上是投资银行（证券公司）从事更广泛范围的金融业务，特别是银行业务而采取的模式，旨在为证券公司对金融业的渗透提供途径，如图 3.2 所示。

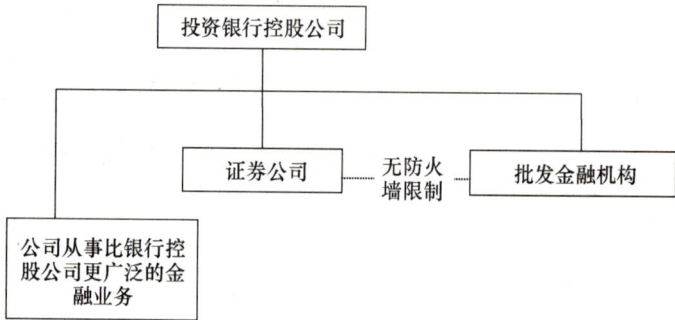

图 3.2 投资银行控股公司模式

模式三：金融控股公司模式。该模式允许任何金融或非金融公司成为受联邦保险的存款机构的附属机构，并通过存款机构和其他附属机构从事广泛的跨市场的业务。各附属机构在相应的联邦和州监管者的职能监管下从事活动。金融控股公司应遵循现存法律的限制性规定和保护性措施，以防联邦保险的存款机构承担过度风险，并要求存款机构的子公司必须保持资本独立。这种模式基本上被后来的 GLB 法案所采用，如图 3.3 所示。

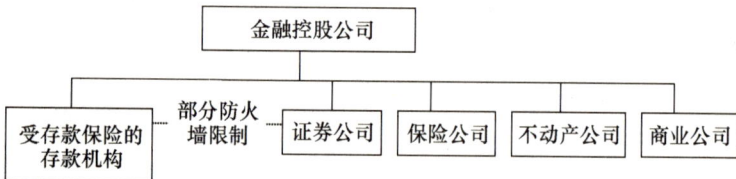

图 3.3 金融控股公司模式

其他的形式还有银行保险合作、保险混业等。

美国金融机构的并购重组具有综合化、大型化、全球化的特点，而最终表现为金融业务的相互渗透，分业经营逐渐转向混业经营。以证券领域为中心的新金融商品的开发和需求的创造（即金融证券化），使得银行的传统业务日益萎缩，银行作为金融中介机构的职能受到了极大的威胁。银行机构突破分工壁垒向其他金融领域渗透的潮流难以抑制，从而使以分工管理为核心的美国监管体系发生了彻底性的改变，为适应和推动新的分工演进，以金融立法改革为核心的制度创新势在必行。

四、美国金融监管体制改革

1. GLB 法案以前的监管框架

GLB 法案出台以前的金融监管体系有三个相互联系的重要特征。一是分业立法、分业监督，即按不同金融机构类别进行纵向个别立法、个别监管。银行领域有 GS 法、《银行控股公司法》等，证券领域有证券法、证券交易法等，保险领域有州保险法等。二是机构监管，即按金融机构的分类进行监督，而不是按金融服务功能的分类进行监管。三是多元监管，即一家金融机构（特别是银行）往往面临着多个部门的交叉监管。如图 3.4 所示。

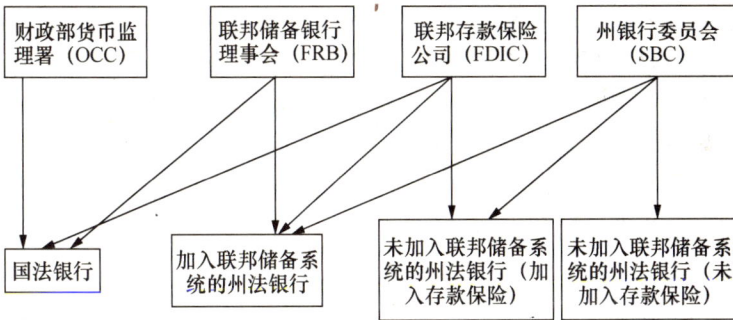

图 3.4 美国银行监管体系框架

注：国法银行是根据联邦法律批准成立的商业银行；州法银行是根据州法律批准成立的商业银行。

一些批评家认为，多元机构监管体系和多重司法权导致了美国金融体系的混乱和资源的浪费，然而，另一些人则认为，多元监管体系培养了创新性和灵活性。银行能够利用一家监管机构反对另一家。例如，当某家监管机构不允许银行参与某种营业活动，有时其他监管者能给予批准。

2. 近二十年来美国金融监管体制改革

20世纪80年代初，美国金融监管体制进行了以自由化为方向的改革，带来了金融产品的自由定价、金融创新大量涌现、各类机构分工区域交叉及金融市场国际化趋势加强的局面。这一时期美国金融立法改革主要集中在银行业，并且银行立法表现出从管制走向自由的轨迹，但是实际上大多数改革只是以法律的形式确定，多头监管的格局依然存在。

90年代，格林斯潘主持下的联储货币当局进行了新的金融监管体制的改革，使联邦金融监管改革取得了重大进展，出现了一系列改革提案。1991年通过《联邦存款保险公司改革法》，决定在1993年实行基于风险度量的存款保险制度，即根据银行的资本充足率和信用等级实行不同的保险费率。这在一定程度上抑制了银行的道德风险，但是由于银行可能会隐藏其私人信息，监管机构在评级时可能会造成错误的判断，因此，即使是基于风险的存款保险制度也不能完全消除道德风险（Prescott）。① 另外，在1994年实行《州际银行法》，允许银行控股公司跨州经营设立分支机构，取消了美国金融业自1927年以来的经营区域限制。最后，1999年的《金融服务现代化法》完成了金融自由化改革的其余部分：解除了对商业银行进入投资银行业和保险业的所有限制，允许建立新的金融控股公司从事金融业务，同时对各金融监管机构（如联邦储备局、货币监理局、证券交易委员会等）在监管金融控股公司时的职责进行了分工（Calomiris）。② 至此美国金融业20世纪80年代和90年代的放松管制改革基本完成，放松管制提高了银行业的经营效率，增强了抵御金融风险的能力，同时也提高了美国银行在国际上的竞争力。

这期间最为著名的是1999年11月4日通过的以金融混业经营为核心的GLB法案，又称《1999年格雷姆—里奇—布利雷法案》（简称GLB法案）。GLB法案体系庞大，涉及包括银行、证券和保险在内的整个金融业活动的具体规范，以及在实体权利和程序方面的具体可操作规范。GLB法案允许银行、证券公司和保险公司以控股公司的方式相互渗透，但不允许以子公司的方式进行业务渗透。如图3.5所示。

---

① Hayashi, F., & Prescott, E.. The 1990s in Japan: A lost decade. Review of Economic Dynamics [M]. 2002, 5 (1), pp. 206~235.

② Calomiris Charles. Banking Approaches the Modern Era, Regualtion [M], summer 2002.

控股公司方式（允许）　　　　　　子公司方式（不允许）

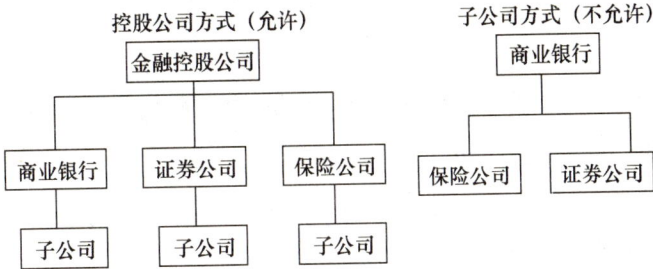

图 3.5　控股公司方式与子公司方式

　　此外，按照 GLB 法案规定，金融控股公司要进入银行、证券和保险等领域，应达到一定的自由资本比率以及相应的有关资格，当无法满足这些条件时则必须退出相应业务。GLB 法案充分体现了"效率与竞争"的立法精神和监管理念，即通过放松原来的各种严格限制，鼓励金融混业经营，在各类金融机构的业务渗透过程中促进有效竞争，从而提高本国金融机构的国际竞争力。

　　新监管体系的特征及其比较优势主要有：

　　首先，新监管体系克服了旧监管体系个别立法的缺点，转向综合立法，通过对金融控股公司的监管，在一定程度上实现对金融服务领域的统一监管，这样的监管体系顺应了金融服务产业综合经营的发展趋势。

　　其次，新监管体制避免了旧监管体系按金融机构分类监管的弊病。GLB 法案的立法体系则以金融服务功能进行分类管理，当一种新金融产品出现时，不同背景的金融控股公司都有相同的经营权，既适应了金融业融合需要，又能够有效地按不同服务功能进行有效监管。

　　最后，新监管体系解决了旧监管体系以"列举"方式定义有价证券的滞后性。美国证券市场在 20 世纪 70 年代后有了飞速的发展，资产管理领域的金融商品层出不穷；证券化衍生工具日益发达；借助现代信息技术的网上交易逐渐普及，这些都对旧证券法中"有价证券"的定义提出了挑战。因此这种以"列举"来定义有价证券的方式明显滞后于证券市场的发展。GLB 法案的监管体系通过"灵活判断"的方式来定义金融产品。当市场出现新的金融产品，监管机构随时可根据情况来判断，既适应了日新月异的金融市场的变化，又有效地鼓励了金融创新。

　　基于以上三方面的分析，认为 GLB 法案的新监管体系在多方面克服了旧监管体系与金融业分工演进的不适应性，为加强本国金融机构的竞争力创造了制度上的比较优势。

第二节 德国金融业从分业到混业：全能银行

一、全能银行体制

德国的银行业分为全能银行和专业银行，全能银行是德国主导型的银行制度，银行可提供包括银行业务、证券、信托和保险业务在内的全方位金融服务。

德国目前的全能银行体制根源于18世纪末到19世纪初德国的自由银行时代。当时正值德国工业发展迅速高涨时期，工商企业不论在短期资金，还是在中长期资金上都高度依赖于银行，这种特殊的市场需求和结构客观上要求银行必须提供多样化的金融服务，不仅要从事传统信贷业务，为企业提供短期资金，而且要从事大量的证券业务帮助企业筹措大量的长期资本，以便吸收任何金额的存款，为自身获得一个广泛和稳定的集资基础。德国政府也采取了鼓励银行发展的措施，赋予了银行振兴德国产业的使命，允许银行经营包括证券在内的各种金融业务，并以证券形式对企业进行长期投融资。在这样的背景下，许多综合性的银行相继建立。比较重要的有沙夫豪森银行、达姆特塔特银行、德意志银行等。事实证明，在全能银行体系开始运作时，德国的银行体系一直发挥着重要的作用，特别是第二次世界大战后的重建时期，德国银行业以其高效率的运作，为国民经济的发展发挥了重要的作用。可见，德国银行业务多样化和综合化的基本格局是在工业化迅速发展的过程中逐渐形成的，这不是合理计划的产物，而是市场机制作用下分工演进的必然结果。

以德国的全能银行为代表，全能银行模式的主要特征体现在以下几点：

1. 业务领域的充分多元化

这一点可以从全能银行广泛的业务范围中得到体现。

2. 通过股权投资形式，形成业务分工网络

从德国全能银行的治理结构来看，除了在境内外设立不具有独立法人资格的分行和代表处之外，全能银行集团通过股权投资的方式，普遍设立了具有独立法人地位的全资或控股的专业性金融机构。这些专业性金融机构在双重银行体制下会被视为非银行金融机构。在一般情况下，银行内部组织只经

营银行和证券业务，至于有关保险、不动产的抵押、投资组合管理及基金管理等业务，则往往由控股公司的子公司，即这些专业性金融机构提供。

3. 全能银行具有广泛的外部持股结构

这表现在两个方面：一方面，全能银行和其自身股东相互持股。例如，德累斯顿银行集团的主要股东为安联保险公司（持股22%），但是与此同时，德累斯顿银行集团也持有安联保险公司的10%左右的股份。正是依靠这种集团外部的相互持股结构，德国银行业在全世界银行体系中独创了"整体金融服务"的经营理念。另一方面，与世界上大多数银行体制不同的是，德国的全能银行能够直接或间接地持有非银行部门的债务和股本类有价证券，并作为股东代理机构参加非银行部门公司的股东大会，行使股东权利。

4. 银行对证券市场的主导作用

德国的全能银行享有以机构投资者进行证券投资的独占权，新发行的股票和债券几乎总是由为数众多的大银行定期在市场上销售。事实上，德国的证券市场完全是由银行组织和控制的。德国银行之所以能够进行证券投资有以下原因：一是德国的银行法已经把银行自营证券业的风险限定在较为安全的范围内；二是银行进行证券投资与银行传统的业务相关；三是德国商业银行的准备金必须以现金支付，这就迫使商业银行不得不持有相当数量的可变现证券，以免准备金不足而遭受严厉的惩罚。

二、德国全能银行模式的评价

全能银行有着极强的稳定性，其原因是由以下几点特有的优势所决定的：第一，全能银行制度能为客户提供全面的金融服务。第二，增强了银行对金融市场变化的适应性。第三，全能银行制度有利于多样化经济和专业化经济。

德国的全能银行经营模式具有很强的特殊性。首先，历史传统决定了德国工业化进程中的高度集中；其次，德国现代企业制度的成熟度较高，严格的企业内部治理结构和理性的企业文化高度统一，形成了在单一法人内部的有效权利分散和相互制约。该原因使得德国全能银行内部的"防火墙"不仅在制度化方面，而且在实际运行机制方面都趋于完善，能够有效地抑制混业中的资金、信息滥用等风险因素。因此，这种模式是否适用于其他国家还存在着疑问。

从金融结构层次上考察，德国全能银行确实直接带来了一定的证券市场与银行贷款市场之间的利益冲突问题。商业银行在统一法人主体内部同时经营银行业务和证券业务时，可能会导致银行以传统的存贷款业务为主而置证券业务于补充地位，客观的后果就是不利于证券市场的发展，以牺牲证券市场的发展来换取银行和企业间的资本关系纽带的稳定。就长远来看，这种方式与实现金融深化、发展金融市场的客观规律相违背，这就造成了目前德国资本市场中的证券市场不发达。

从以上分析来说，德国的全能银行的综合经营模式对本国的国情来说是较为合适的，但目前的一些问题还是能够暴露其内部的缺陷，主要集中于全能银行对金融市场发展利益的牺牲和金融创新能力的抑制。与金融控股公司模式不断发展成长相对比，可以认为，德国的全能银行模式并非能够很好适应于其他国家和地区，而且，在金融业混业趋势确定、混业行为不断演进时，全能银行模式不是混业发展的最佳选择。

三、德国全能银行的监管模式

德国有一个高效和极具权威的金融监管体制。金融监管方面的职能由联邦银行监督局、联邦保险监督局和联邦有价证券交易监督局三个部门分别承担。银行监管主要由联邦银行监督局来组织实施，并协同德意志联邦银行协作执行。《联邦银行法》第6条规定，联邦银行监督局直接对德国联邦财政部负责，并定期向其报告监管情况。联邦银行业监督局侧重于对微观金融机构的具体监管；联邦银行则侧重于对宏观金融市场的监管。银行监督局负责履行法律手续，如机构审批、撤换执照、日常监督等。联邦银行的行为是用准备金率、再贴现限额和再贴现率等手段调控货币供给以及收集各家银行有关股本、资产、负债等详细统计数据，并毫无保留地向银行监督局提供，以便后者能有效监管。总体来讲，德国对银行业的监管内容主要有三个方面：一是对商业银行准入的监管；二是对资本和偿付能力的监管；三是对存款保险制度的监管。

1997年6月开始的东南亚金融危机以及随后而来的全球性金融动荡，波及面广，连美国这样的金融霸主也受到很大影响，但德国金融业却能相对稳定，从这一个侧面也反映了德国金融监管的有效性。

第三节 英国金融业从分业到混业

一、英国金融业分工格局的演变轨迹

英国在传统上是实行专业银行制度的国家，虽然其实行分业经营、分业管理的制度没有美国那样严格。在 1981 年以前，英国一直习惯按经营范围将金融机构划分为银行金融机构和非银行金融机构。按照这种分法，英国当时的银行金融机构包括清算银行、贴现银行、国民划拨银行和信托储蓄银行等。此外，英国的银行金融机构还包括一些商业银行和承兑银行等。传统上，英国的商业银行主要是从事批发性银行业务，即主要是承兑商业票据、融通资金和代理客户发行证券。

由于与美国相近似的经济结构和文化传统，英国在经历了 20 世纪 30 年代的经济大危机之后，也采用了分业经营模式。

然而，20 世纪 70 年代也面临着打破分业限制格局、增加不同领域之间金融业务之间的融合、提升金融机构竞争力的要求。随着资本国际化、金融证券化的发展，伦敦证券交易所越来越与经济发展的要求不相适应，呆板落后的交易方式和管理制度使英国银行业逐渐丧失了昔日的辉煌。英国以 1986 年的金融"大爆炸"为契机，出台了《金融服务法》，开始了全面的金融改革，其核心内容就是推进金融业混业进程。

英国金融业混业经营的组织形式为金融集团模式，与金融控股公司模式有很大的相似性。与美国实践不同的是，英国银行不需要任何持股公司体制就能从事所有证券活动，这些活动既可由银行自身直接经营，也可由银行独资的了公司或分支机构从事。而且，只要证券业务由独立的公司经营，在银行与其关联的证券公司间就不需要建立保护性的防火墙。实际上英格兰银行允许银行成为没有业务界限、无所不包的金融混业集团。目前，英国的劳埃德信托储蓄集团、巴克莱银行集团、国民西敏寺银行集团以及汇丰、渣打等跨银行集团的业务领域涵盖了银行、证券、保险、信托等各个方面，已成为与德国、法国等欧洲大陆国家相类似的全能银行集团。

二、英国银行业监管体系

1986 年《金融服务法》的出台，从根本上改变了英国证券市场的监管体系，使其证券投资监管工作进入了一个新时代。在该法案基础上成立了证券投资委员会（SIB），国务大臣授权 SIB 对从事各种金融服务的企业和从事证券活动的自我规范组织进行监管，而且监管具有法律效力，从而一改传统的自律管理与立法监管相结合模式。然而，至此英国金融监管体制仍是一个典型的"多元化"体制，金融的立法体系也相当复杂，在不同的法律规定下设置不同的监管机构，分别对不同的业务种类进行监管。

随着各种金融业务日益相互渗透，业务之间的界限变得越来越模糊，英国政府在 1997 年提出了改革金融监管体制的方案，把银行监管责任人英格兰银行转移到证券投资委员会，将其监管权力剥离出去，并于 1997 年 10 月 28 日成立了金融服务监管局（FSA）。FSA 从事的监管业务包括：对金融机构的营业、资本标准等进行规定；对银行、保险、投资相关业务的经营资格进行认定；对承担相关业务的各种职务资格进行认定；对金融集团设置相应的监督部门；对监管对象具有执行民事惩罚权，还有权禁止不合格人员在金融业的雇佣；对消费者和业内的教育指导，从事普及和提高金融知识的活动，帮助金融机构和个人提高金融业务的活动能力。

英国金融监管体制一元化改制后，相应的配套机构逐步设立，具体有"金融服务与市场裁判所"、"金融服务民政专员机构"、"金融服务与市场赔偿机构"等，使得金融服务用户能得到更可靠的保护。金融服务与市场裁判所的职能在于裁判企业和个人对 FSA 的申诉，完全独立于 FSA。金融服务民政专员机构则在于解决消费者与金融机构之间的纠纷，为消费者提供廉价、快速的纠纷解决。金融服务与市场赔偿机构合并了原有的五个赔偿机构，专门处理金融机构破产后的赔偿问题，赔偿资金来自金融业内赔偿准备金，赔偿的条件及上限根据 FSA 的规定执行，该机构是在 FSA 的管辖下运行。

英国金融监管一元化改革使金融服务用户的利益得到更可靠的保护，使金融体制与各主要工业国家更好地接轨，为英国加入单一货币、保证伦敦作为全球主要金融中心的地位和竞争力创造必要的条件。通过改革，形成一个由财政部、央行和 FSA 三方分工合作、规范监管并确保金融稳定的机制。英国金融监管体制分工结构的改革促进了英国金融业进一步的分工演进，特别是促进了金融集团的健康发展。

第四节 日本金融业从分业到混业

一、日本金融控股公司的历史演变

日本在资本主义发展初期，为了进行原始资本积累，很多企业纷纷开设银行筹集资金。在 19 世纪末 20 世纪初，日本的银行中，除了三井银行等大财阀银行外，大多数都是小银行。数量众多的银行规模较小，无力达到规模经营，行为很不规范，经常出现倒闭事件，引起金融秩序混乱。

随着资本主义发展由竞争走向集中，日本政府开始限制银行的数量并规定银行的业务范围，此外，还通过银行合并对现有银行进行调整。1896 年，日本制定了《银行合并法》，促进银行合并；1936 年，大藏省又提出"一县一行"的口号，积极推动银行的合并，日本的金融业逐步走向集中。尤其是旧财阀体制下，集团内企业之间的相互持股十分盛行，而股权的逐步集中形成了垄断，由此而阻碍经济的发展，不利于公平竞争。

第二次世界大战以后，日本出台了《反垄断法》，禁止成立垄断性的金融寡头，规定企业相互持股的上限是 5%，禁止成立金融控股公司，银行、证券、保险和信托业之间严格地实行分业经营。

20 世纪 90 年代后期日本开始启动"金融大改革"后，其中采取的一项措施就是要修改《反垄断法》，实现混业经营。1997 年，日本废除了设立金融控股公司的禁令，允许以子公司的形式跨行业经营，规定必须经过资本市场的运作方式成立金融控股公司。90 年代以来的统计数据显示，至今为止，日本原有的十八家大银行归并成为四大金融集团公司。

二、日本金融业从分业到混业的主要原因

日本金融业从分业到混业的主要原因是：

第一，"二战"前后的银行与企业控股公司的大发展为金融业重组提供了良好的历史经验。"二战"时，日本政府直接干预银行为军需服务，出现了大型控股公司。战后，日本出于鼓励竞争、打破垄断的目的，出台了《反垄断法》，禁止成立垄断性的金融控股公司，原来的金融控股公司才逐渐消失。然而，时过境迁，时代再次呼唤金融控股公司，而日本历史上有关控股

公司的经验和教训为 20 世纪 90 年代日本再次发展金融控股公司模式奠定了扎实的基础。

第二，金融控股公司模式比简单合并、借壳上市以及公开收购更为优越。简单合并，需要花费大量的时间进行内部整合，而且以往合并重组大多因人事问题而告失败。例如，由于人事管理等问题一直无法得到妥善解决，第一劝业银行的合并案例一直是不成功的。借壳上市，需要逐个办理股权转移手续，费用增加，负担加重。公开收购方式需要支付大量资金，不但增加收购公司的成本，而且增加支付风险、财务风险。控股公司模式则采用股权置换和股权转移方式，有效地克服上述方式的不足：既不需要实物抵押，也不需要持有大量的现金，还可以通过内部管理机构的合理设置有效控制风险。

第三，在现有税制下，金融控股公司可降低交易税。在日本的企业交易税一直居高不下的情况下，金融控股公司内各子公司的赤字与盈余相互抵补，合并报表可以避税，这是促使金融机构采用金融控股公司形式的内在动机之一。

第四，金融控股公司可保持各自公司的经营方式、文化，易于协调、操作、降低摩擦成本。

三、日本金融控股公司的几种类型

根据日本的《银行法》，在金融控股公司的框架下，可同时经营银行、证券、保险、信托等各种业务，即一家金融控股公司的母体之下可设有银行、证券、保险、信托等各类独立法人作为附属公司，开展不同的业务，金融控股公司对子公司控股 50% 以上。日本法律规定，金融控股公司有三类：

第一种类型：业务相互融合型。它有如下两种：

1. 银行控股公司

银行以子公司的形式存在，银行子公司的股票市值在控股公司总资产中的占比超过 50%。银行控股公司下面只允许成立子公司，但无论采取何种组合，最终其子公司的总数目不能超过 5 个。

2. 保险控股公司

保险公司以子公司的形式存在，保险子公司的股票市值在控股公司总资产中的占比超过 50%。保险控股公司下面允许成立子公司。

第二种类型：公司分割型。金融控股公司之下，按照业务类型从原金融机构中分割出来的子公司各自成为独立的法人，如投资银行、私人业务部门、法人业务部门。富士银行、第一劝业银行和兴业银行组建的瑞穗金融集团以及东京三菱银行、三菱信托组建的三菱东京集团都属于这种类型。

第三种类型：跨地区金融机构之间的联合。三和银行和东海银行的联合就属于此类。三和银行以关东地区为据点，东海银行主要在关西地区发展业务。

四、日本金融业监管

金融厅是日本金融监管的专职机构，其前身为金融监督厅。金融厅的主要职能是对民间金融机构进行严格检查和有效监管；根据法律直接参与处理金融机构破产案件；准确把握金融实情和动向，维护信用秩序；参与金融制度的建立和金融行政的计划和立案等工作。同时金融厅还负责与农林水产省、劳动省等其他省厅协调，共同做好对农协系统金融机构、劳动金库和非银行金融机构的检查和监管。日本金融厅自成立以来，逐步建立了一套行之有效的金融监管制度和行政管理手段。通过对各金融机构资产和负债的检查，摸清了各金融机构的家底；先后完成了对日本大型银行、地方银行和第二地方银行等共计143家银行的金融检查，对一些自有资本比率较低的小银行，以早期修正措施等手段令其进行了调整，又对部分地方银行注入了财政资金，使日本银行业资本不足问题基本得到解决。

日本金融业监管的主要方面是：

1. 加强财务分析，及时掌握银行经营风险

财务分析的内容主要是指，对银行利率或股价的变化、资金周转、信用等各种风险等方面的分析。

2. 实行同步检查，加大金融集团监管力度，对其关联公司和海外网点等同时进行现场检查

3. 严格规章制度，加强对非银行金融机构监督

随着金融改革的不断深化，一些并非从事金融业务的企业集团正逐步向银行和保险业务领域渗透，成立金融子公司或以参与收买金融机构的方法经营银行和保险业务。为此，日本金融厅又提出了"防止金融机构企业化"的措施。所谓"金融机构企业化"是指已经陷入经营危机的企业集团，将自己属下的银行和保险公司作为筹资机构，进行超量融资。

4. 积极采取措施，加速解决银行不良债权问题

第五节　中国金融业的分工演进

一、中国金融业从混业到分业的演变轨迹

1993 年之前，中国实行的是混业经营，商业银行是中国证券市场创立的初始参与者。"分业经营"概念提出的背景是在 20 世纪 80 年代中、末期，当时金融改革的难点、焦点和热点是把银行办成真正的银行，即银行企业化，打破纵向的、强化的信贷体制，实现业务交叉、竞争。由于证券业务刚刚兴起，一般金融从业人员更多关注的不是分业和混业经营问题，主要关注在动用资金支持经济发展，因此，许多领域在发展之初并没有那么多限制。

中国实行分业经营的主要缘由，来自于 1993 年之前混业经营实践给金融体系带来的危害。自 20 世纪 90 年代证券市场形成发展以来，银行体系中出现了较为严重的资金运用问题，即相当一部分银行通过其全资或参股的证券公司、信托投资公司，将信贷资金和同业拆借资金挪用，投放到证券市场甚至房地产市场。这种行为至少引起以下负效应：一是增大了银行的经营风险。信贷资金，尤其是同业拆借资金作为短期资金，是绝不允许进行长期投资的，这将大大降低银行资产的流动性，增加收益不稳定性。二是助长了投机行为和泡沫经济。中国资本市场规模较小，大量银行资金不可控制地流入较小的市场，并且主要目的是投机而非投资，加剧了市场被操控的可能和不正常的波动，助长泡沫经济发展。三是增大了金融监管、宏观调控的难度。资金的实际流向被隐瞒，增加了央行实行货币政策、控制货币流通量的难度，还有可能造成国家资金的流失。四是助长混乱、不当行为，影响银行信誉和形象。银行信贷资金挪用炒股等行为的资金回收无法控制，给个人和小集团谋取私利创造了机会，是市场混乱、违规操作猖獗的重要原因之一，极大地破坏了金融行业的风气。对此，由于当时金融管理层对金融市场的认知水平有限，加上证券监管体制转轨过渡时期互相争夺以及决策机制欠完善等多方面原因，没有当机立断坚持分业经营原则，提出具体严格的规定，所以，最终出现严重的金融市场失控局面。

政府从 1993 年 7 月开始大力整顿金融秩序。1993 年 11 月，十四届三中全会通过《中共中央关于建立社会主义市场经济体制若干问题的决定》中明

确提出"银行业与证券业实行分业管理"。1995 年 5 月 10 日通过，7 月 1 日开始实行的《中华人民共和国商业银行法》第四十三条明确规定："商业银行在中华人民共和国境内不得从事信托投资和股票业务，不得投资于非自用不动产"，"商业银行在中华人民共和国境内不得向非银行金融机构和企业投资"。2000 年 1 月发布的《保险公司管理规定》第六条第三款则十分清晰地指出银行与保险应实行分业经营。

二、愈演愈烈的"交叉经营"

近年来在全球混业大潮的冲击和我国金融分业管制出现放松倾向的背景下，伴随着我国金融体制改革步伐的加快和金融信息化、网络化的发展以及证券市场、保险市场的加速发展，金融各业间的交叉经营和合作经营愈演愈烈，从银行和保险业对证券市场的一步步介入，到货币市场与资本市场之间的屏障一个个拆除。

1. 银行业和证券业的相互渗透

银证合作一般分为三种方式：一是外部一般型业务合作，即券商只是银行的普通客户，或券商经手银行股票发行的承销业务；二是外部分工型业务合作，即双方利用各自优势，进行业务分拆和组合；三是企业的组织与股权合作，这方面有如光大、中信、平安等类似金融控股公司的实践。

目前我国的银证合作主要有：银行对券商提供融资便利，例如券商进入银行间同业拆借市场与国债回购市场，股票质押贷款；银证转账业务；法人结算划款与新股发行验资；网上交易；存折炒股、银证通或第三方存管；券商委托银行网点代办开户业务；证券投资基金业务合作；投资银行业务中的合作等。

而对于银证合作的动因，从银行的角度来讲：开辟新的利润增长点，提高盈利水平；调整贷款结构，降低贷款风险；开拓新的市场空间，形成多样化经营格局，在增加收入的同时降低经营风险。

而从证券公司的角度来讲：有益于证券公司分享银行的信息优势，也即有利于实现信息经济的"协同效应"；有利于证券公司分享银行的产品优势，也即有利于实现产品经营的"协同效应"。

2. 银行业和保险业的相互渗透

银保合作的领域可以归纳为：银行代理保险业务；银行、保险网络资源共享；保险公司选择使用银行的客户资源、信息库、资金汇划系统和网络清算系统，银行担任担保公司的财务顾问，为其提供基金托管服务；保险公司为银行产品提供保险服务；以保单作为银行贷款的有效质押；保险公司投资与银行金融债券，银行与保险公司之间拆借、债券回购、国债买卖等资金融通活动。

3. 证券公司与保险公司的合作

在目前中国证监会和中国保监会的通知中，规定保险公司可通过购买证券投资基金而间接进入证券市场，从事一级市场基金的配售和二级市场基金的买卖。这种方式是让保险公司通过内部投资管理部门或专业的投资子公司，在一级市场申购和在二级市场买卖已上市的基金，自主运用保险资金，实现保险资金的保值、增值。以这种方式入市不存在任何法律障碍，而且有利于为保险业培养一批专业证券投资人才，提高保险行业的整体投资水平，因此目前允许保险资金进入证券市场正式采用这种方式。

三、金融控股公司的实践

目前，我国金融控股公司明显地分为两类：一类是由于历史的原因造成的，例如中信公司与光大集团；另一类是为了规避分业管制而产生的，像三大商业银行正在组建的金融控股公司和平安模式。两者都能得到主管部门的特批，而主管部门目前的态度是积极而谨慎的。

总的来说，我国监管部门对现有金融控股公司的实践持比较积极的态度，同时也越来越重视对金融控股公司的监管问题。我国金融机构可以在坚持分业经营、分业监管、完善法规制度的前提下，通过金融控股公司下设子公司并内设"防火墙"的形式，实现其资产负债的适当多样化，以提高其竞争力和经济效益。

本章小结

本章我们对几个典型国家的研究以及分析表明，分业经营体制从20世纪80年代以来开始逐渐瓦解。以美国为代表的实行分业经营的国家纷纷放弃分业经营，转向混业经营，可见混业经营已经被认为是金融业发展的潮流和未来金融业分工组织的趋势，但由于各国具体实际情况的差异，对混业模式的选择不是完全一样。

本章首先从多个侧面对美国金融业分工演进进行了实证研究；其次对德国、英国、日本等典型国家金融业分工演进的模式进行比较研究，并对金融监管的分工结构进行了深入分析；最后对金融分业与混业在中国的演变进行了历史回顾，并讨论了混业经营在中国实施的必然性。

我们总结出金融业混业经营有三种类型：一是德国全能银行模式。这种模式最为开放和自由。任何机构只要参与银行业务就会被认定为银行，银行可允许从事金融领域的大部分业务。这种模式的最大特点就是：银行从事全能业务很少通过独立的子公司，而是直接从事；银行持有商业公司的股份；银行与保险公司的融合十分普遍，银行可通过独立的子公司从事保险业务。全能银行模式除了奥地利、瑞士采用以外，目前更多的欧盟国家也在推行。

二是英国金融集团模式。这种模式主要在英联邦国家如英国、澳大利亚和加拿大等实行。其最大特点就是银行与证券公司间的产权联系是通过子公司，而不是控股公司方式，即银行就是最终的母公司。与日本的异业子公司模式比较相近。

三是美国金融控股公司模式。这种模式包含三个要素：第一，在由金融机构成立的金融控股公司体制中，原金融机构将继续从事其原有业务，其他金融业务由控股公司本身或其下设的子公司从事；第二，设立"防火墙"；第三，控股公司接受统一监管，这是因为"防火墙"的存在有效阻挡了控股公司金融风险对银行的波及。作者认为，金融控股公司模式比全能银行及异业子公司从事综合化金融业务更有长处，更符合社会公共利益。

综上所述，金融业的分工体制在总体上经历了一个由合到分，又有分到合的制度变迁过程。推动这一变迁的根本因素是市场深化与分工演进的动态机制。当专业化为主的分业制不能适应市场深化的要求时，与之适应的强调多样化并力求兼得专业化与多样化的混业制便自然产生。

第四章　金融混业集团均衡与资本监管

金融业在发展历程中，确实经历了一段波折，从最初的混业经营到后来的分业经营，又发展成为今天的混业经营模式，如金融控股公司、金融混业集团等。这种不断变化的过程，是一个曲线上升的发展过程。金融混业集团之所以得以发展，要归功于其不可阻挡的强大优势。金融混业集团与单个银行在结构上的许多不同之处，也导致它们的倒闭概率不同。影响因素主要有四方面：多样化，风险厌恶，监管和公司内部交易。然而，金融混业集团的优势也无法弥补其自身存在的一些缺陷。因此，许多专家学者对此进行大量的研究，得出一些结论。本章将进一步对金融混业集团主导下银行的资本监管与最优化行为进行研究。

第一节　金融混业集团均衡

将分业经营的利益最大化模型转换到金融混业集团的模式下，调整利益最大化模型。

假设有两个金融混业集团模型，附属银行分别为 A 和 B，它们有各自不同的市场 A 和 B，每个市场的存款和贷款分布不同。因此，每个银行的资产负债表中的资产和负债都是唯一的。假设同业拆借利率在两个市场上通用，每个银行都可以进入全国市场，以相同的同业拆借利率借贷。母公司可以通过集团内非银行附属公司进行非银行业务 P 投资，在 $t=0$ 时刻可获得利润 p，它是非银行附属公司总资本的函数：

$$p = P(t) \tag{4.1}$$

母公司的资产包括银行资本 K_i，$i=A$，B、非银行附属公司资本 P 和短期投资组合 C。任何短期投资组合都是以同业拆借利率为基准的，而同业拆借利率是以市场为导向的。母公司负债包括集团控股公司股东资本 K_H 和基

金 C。若 C 为正，银行控股公司就有一个正的短期投资组合头寸。若 C 为负，集团就需要通过商业票据市场借款。假定金融混业集团的借款（通常通过商业票据市场）成本以同业拆借利率为基准并以市场为导向。$t = 0$ 时，在一定的集团资本规模下，母公司应该投资于非银行附属公司和短期证券或商业票据市场的基金。母公司方程为：

$$K_A + K_B + P + C = K_H \tag{4.2}$$

附属公司之间的业务在金融混业集团中起到重要的作用。金融混业集团可以通过高预期收益的资本投资来增加附属银行的收益，在这里忽略掉单个市场的集资成本。一般来说，附属公司之间的业务有两种形式：附属公司之间的资产出售或贷款。尽管金融混业集团的资产负债表没有显示净效应，但这笔交易仍然在一个附属公司的资产负债表上以资产记入，而在另一个附属公司的资产负债表上以负债记入。资产出售其实是一种变相的资产转移。为了增加附属公司之间的业务，附属银行可以在任意市场购买资产，这样每个附属银行可以通过金融混业集团发挥其多元化优势。

金融混业集团附属机构对最优投资组合决策的影响，取决于投资组合决策与附属银行的集中度。这是由于成本和收益与投资组合决策的集中度有关。实际上，金融混业集团的管理风格从完全集中到完全分散。几乎所有的银行控股公司都集中化管理并具有规模经济（比如数据处理），许多控股公司甚至放权附属银行进行资产负债管理。一般来说，集中化决策很大程度上依赖机构的相应规模和市场之间的距离。随着规模大小参差不齐的加剧，集中程度也很可能会增加；而随着市场之间距离的增加，集中程度很可能会减少。完全集中意味着银行决策水平取决于风险报酬的偏好和金融混业集团之间的机会成本。另外，分散意味着决策基于风险报酬偏好和附属公司在不同风险厌恶下的机会成本。实际上，集中程度很可能既不完全集中也不完全分散，而是根据机构的不同而变化，这种变化源于不同的管理风格。

集中的金融混业集团使其风险厌恶效用函数最大化。为方便起见，假设效用函数 V 与预期价值和利润方差成线形关系：

$$V = E(\pi_H) - \delta_H(\sigma^2_{\pi_H}) \tag{4.3}$$

π_H 表示附属银行的总利润，δ_H 表示附属银行的风险厌恶程度。E 表示数学期望，σ_H 表示 H 的方差，H 是未知数。利润的目标函数为：

$$\pi_H = L_A \times l_A + L_B \times l_B + F_A \times f + F_B \times f - D_A \times r_A - D_B \times r_B + p \times P + f \times C \tag{4.4}$$

L_i 为 i 的贷款，l_i 为 i 的贷款利率，F_i 为 i 的同业拆借额，f 为同业拆借利率，D_i 为 i 的存款，r_i 为 i 的存款利率，$i = A，B$。当效用最大化时，从资产负债表看，均衡条件为：

$$\left. \begin{array}{l} L_A + F_A = D_A + K_A \\ L_B + F_B = D_B + K_B \\ P + K_A + K_B + C = K_H \end{array} \right\} \quad (4.5)$$

在这里，每个附属银行和母公司之间保持平衡。集中的银行控股公司由 L_A，L_B，D_A，D_B 和 P 组成最大化的约束条件：

$$\left. \begin{array}{l} f = E(l_A) - 2\delta_H L_A \sigma_A^2 - 2\delta_H L_B \sigma_{AB}^2 \\ f = E(l_B) - 2\delta_H L_B \sigma_B^2 - 2\delta_H L_A \sigma_{AB}^2 \\ f = r_A + D_A^{\ *}(dr_A/dD_A) \\ f = r_B + D_B^{\ *}(dr_B/dD_B) \\ f = p + P(dp/dP) \end{array} \right\} \quad (4.6)$$

σ_A^2 表示银行 A 的贷款分布方差，σ_B^2 表示银行 B 的贷款分布方差，σ_{AB}^2 表示银行 A 和银行 B 的贷款利率分布的协方差。在等式中，银行在 A 市场和 B 市场上同时增加贷款，直到风险调整后的回报率（包括市场之间的协方差）等于同业拆借回报率。银行将增加存款直到边际成本等于同业拆借成本。银行在非银行附属公司增加投资直到边际回报率等于同业拆借利率。最优均衡（D_A^*，D_B^*，L_A^*，L_B^*，F_A^*，F_B^*，P^*，C^*）为：

$$\left. \begin{array}{l} D_A^* = [f - r_A]/[dr_A/dD_A] \\ D_B^* = [f - r_B]/[dr_B/dD_B] \\ L_A^* = [1/(1 - \rho\sigma_{AB}^2)] \times [1/2\delta_H] \times \\ \quad [(E(l_A) - f)/\sigma_A^2) - \rho(E(l_B) - f)] \\ L_B^* = [1/(1 - \rho\sigma_{AB}^2)] \times [1/2\delta_H] \times \\ \quad [(E(l_B) - f)/\sigma_B^2) - \rho(E(l_A) - f)] \\ P^* = [f - p]/[dp/dP] \\ F_A^* = D_A^* + K_A - L_A^* \\ F_B^* = D_B^* + K_B - L_B^* \\ -C^* = P^* + K_A + K_B - K_H \end{array} \right\} \quad (4.7)$$

　　ρ 是市场 A 和 B 两者之间回报的相关系数。正如预期，如果银行控股公司风险厌恶程度增加，则最优贷款投资在两个市场同时减少。对于单个银行，资本对最优存贷款决策不起作用。如果存款函数向上移动，最优存款就会减少。假定一个市场存款成本对另一个市场的存款决策没有作用。因此，金融混业集团附属银行与独立银行具有同样的存款决策。如果利率增加，两个市场的存款会增加，贷款会减少，非银行附属公司的投资也会减少。如果非银行附属公司收益率增加，投资则减少。

　　当两个市场的贷款利率之间的协方差不等于 0，预期收益率或预期收益率方差的变化效果就会受到影响。然而，忽视其他市场的影响，根据预期收益及方差变化的部分分析，如果一个市场的预期贷款收益率增加，则贷款也会增加，而其他市场的贷款只有当市场之间的相关系数为负时才会增加；否则，其他市场的贷款就会减少。如果一个市场的贷款利率方差增加，即使在另一个市场贷款效果并不明确，那个市场的贷款投资也会减少。如果贷款利率之间的协方差增加且相关系数为正，则任意一个银行的贷款都会增加。如果相关系数为负，则不确定。

　　分散的金融混业集团附属银行的最优决策与方程（4.7）不同。如果决策分散，则只要它们从其他附属银行购买资产，那么金融混业集团附属机构仍然具有多样化的优势。分散的附属银行通过每个市场的贷款来实现其利润最大化的目标：

$$\pi_A = L_A \times l_A + L_{AB} \times l_B + F_A \times f - D_A \times r_A \qquad (4.8)$$

满足风险厌恶参数和资产负债表约束：

$$L_A + L_{AB} + F_A = D_A + K_A \qquad (4.9)$$

$L_{AB}{}^*$ 表示银行 A 在市场 B 中的贷款。分散的银行 A 的最优均衡决策为：

$$
\left.
\begin{aligned}
D_A^* &= [f - r_A]/[dr_A/dD_A] \\
L_A^* &= [1/(1 - \rho\sigma_{AB}{}^2)] \times [1/2\delta_A] \times \\
&\quad [(E(l_A) - f)/\sigma_A^2) - \rho(E(l_B) - f)] \\
L_{AB}{}^* &= [1/(1 - \rho\sigma_{AB}{}^2)] \times [1/2\delta_A] \times \\
&\quad [(E(l_B) - f)/\sigma_B^2) - \rho(E(l_A) - f)] \\
F_A^* &= D_A^* + K_A - L_A^* - L_{AB}{}^*
\end{aligned}
\right\} \qquad (4.10)
$$

银行 B 的最优均衡决策为：

$$
\left.\begin{aligned}
D_B^* &= [f - r_B]/[dr_B/dD_B] \\
L_B^* &= [(E(l_B) - f)/2\delta_B\sigma_B^2] - \\
&\quad [((E(l_A) - f)\sigma_{AB})/2\delta_B\sigma_A^2\sigma_B^2)] \\
L_{BA}^* &= [(E(l_A) - f)/2\delta_B\sigma_A^2] - \\
&\quad [((E(l_B) - f)\sigma_{AB})/2\delta_B\sigma_A^2\sigma_B^2)] \\
F_B^* &= D_B^* + K_B - L_B^* - L_{BA}^*
\end{aligned}\right\} \tag{4.11}
$$

分散的金融混业集团母公司投资于非银行附属公司和大规模的负债基金，使其利润最大化：

$$
\left.\begin{aligned}
P^* &= [f - p]/[dp/dP] \\
-C^* &= P^* + K_A + K_B - K_H
\end{aligned}\right\} \tag{4.12}
$$

分散的集团决策（方程 4.8 和方程 4.9）与集中的集团决策（方程 4.7）表面上似乎相同，但实际上不同。如果附属公司之间不能进行资产销售，那么分散的金融混业集团与单个银行有相同的决策。集团综合资产负债表均衡条件如下：

$$
\left.\begin{aligned}
D_A^* &= [f - r_A]/[dr_A/dD_A] \\
D_B^* &= [f - r_B]/[dr_B/dD_B] \\
L_A^* &= [1/(1 - \rho\sigma_{AB}^2)] \times [1/2\delta_A] \times \\
&\quad [(E(l_A) - f)/\sigma_A^2 - \rho(E(l_B) - f)] \\
L_{AB}^* &= [1/(1 - \rho\sigma_{AB}^2)] \times [1/2\delta_A] \times \\
&\quad [(E(l_B) - f)/\sigma_B^2 - \rho(E(l_A) - f)] \\
L_B^* &= [1/(1 - \rho\sigma_{AB}^2)] \times [1/2\delta_B] \times \\
&\quad [(E(l_B) - f)/\sigma_B^2 - \rho(E(l_A) - f)] \\
L_{BA}^* &= [1/(1 - \rho\sigma_{AB}^2)] \times [1/2\delta_B] \times \\
&\quad [(E(l_A) - f)/\sigma_A^2 - \rho(E(l_B) - f)] \\
F_B^* &= D_B^* + K_B - L_B^* - L_{BA}^* \\
F_A^* &= D_A^* + K_A - L_A^* - L_{AB}^*
\end{aligned}\right\} \tag{4.13}
$$

比较分散的金融混业集团（方程 4.13）和集中的金融混业集团（方程 4.7）。尽管决策相同，但贷款收益不同。在分散的金融混业集团中，任意一个给定的市场贷款都可以反映各个银行在该市场中的贷款决策，因为它们更能了解当地的市场状况取得更好的收益，因此贷款也比集中时多。然而，由于资本要求限制分散的金融混业集团附属公司的贷款额度而减少了流动性，因而分散的金融混业集团比集中的金融混业集团的流动性差，从这个角度来说，分散的金融混业集团附属公司比集中的金融混业集团附属公司有更大的倒闭概率。只要非银行附属公司的收益与银行贷款收益不相关，分散的金融混业集团母公司和集中的金融混业集团就具有相同的决策。

在方程 4.7（集中）和方程 4.13（分散）中集团附属公司的最优决策可以同单个银行的最优决策[①]相比较，尽管最优决策相同，但贷款决策并不相同。关联市场的贷款收益之间的协方差影响最优贷款决策，以致单个市场的贷款依赖于所有关联市场的环境。依据不同贷款收益之间的协方差，关联市场的贷款与相同市场运营的独立公司的贷款数量均不确定。相对于单个银行，市场多元化贷款和非银行附属公司投资都会影响金融混业集团的倒闭概率。理解这些决策如何影响总的风险及金融混业集团与单个银行不同倒闭概率是非常重要的。

第二节　霍姆斯特龙和泰勒尔模型拓展

贷款决策影响风险的投入，而资本运作、资本监管影响整个经济的运行。在研究一个国家的衰退根源时，常常要查究前辈的研究是否恰当，并用到宏观动态模型和银行谨慎行为的微观基础。因此，这里提出霍姆斯特龙（Holmstrom）和泰勒尔基础模型的动态版本，进而对上述问题做出解释。霍姆斯特龙和泰勒尔通过建立金融中介的激励模型，分析了不同公司、金融中介的财富分配和无知的投资者对投资、利率和监管强度的影响。他们指出所有的资本紧缩（信贷紧缩，抵押挤压或储蓄挤压）没处理好，对于资本越雄厚的公司尤其艰难，但利率效应和监管控制强度却依赖于相关的资本成分的

$$L^* = [E(l) - f] / 2\delta\sigma_i^2$$

① 单个银行的最优决策方程为：$D^* = [f - r] / (dr/dD)$

$$F^* = D^* + K - L^*$$

变化。他们在研究近几年金融危机之后，发现模型预测与贷款模型紧密相关。① 然而，在霍姆斯特龙和泰勒尔模型中，银行的利率最优化对宏观经济冲击的反应不完全是内在的。

瑞普罗（Repullo）和苏爱尔兹（Suarez）引入资本充足率要求，指出银行资产净值的紧缩或更严格的监管会减少银行贷款从而减少总投资。② 但是，分析没有依赖于银行利润最大化理论。

科佩基（Kopecky）和范胡斯（Van Hooser）分析银行资本充足率要求对贷款传导机制的影响。他们指出基于风险的资本充足率要求，会改变长期和短期的市场贷款结果。③ 然而，由于没有考虑实物资本和资产净值的积累，监管对经济发展的影响超出了预料。相反，如果考虑到这种积累，模型就会涉及静态模式及宏观经济冲击之后的转换模式。

把银行最优化引入霍姆斯特龙（Holmstrom）和泰勒尔（Tirole）模型，恩尼斯（Enneis）指出银行的存在促进了经济增长。在他的模型中，银行通过监管阻止借款者从事高风险投资项目，因而促进了资本的有效分配：更多的企业可以通过银行筹集资金进行相关的投资项目。④ 然而，在这个模型中，他并没有把银行视为金融中介机构——家庭储蓄通过银行这个中介转移到企业——因为它们只能将它们的资产净值借给企业。

陈（Chen）的研究与霍姆斯特龙和泰勒尔的动态模型相似，研究银行在宏观经济影响中的作用。⑤ 通过信贷紧缩和资产动态定价的相互作用，加强并延长对生产的负效应。这种传导机制称为金融加速器。[见伯纳克（Bernanke）和哥特勒（Gertler，1989），格斯特（Gerster）和吉尔奇里斯特

---

① Holmstrom, B., & Tirole, J.. Financial intermediation, loanable funds, and the real sector [J]. Quarterly Journal of Economics, 1997, 112 (3), pp. 663~691.

② Repullo, R., & Suarez, J.. Entrepreneurial moral hazard and bank monitoring: A model of the credit channel [J]. European Economic Review, 2000, 44 (10), pp. 1931~1950.

③ Kopecky, K., & VanHoose, D.. Bank capital requirements and the monetary transmission mechanism [J]. Journal of Macroeconomics, 2004, 26 (3), pp. 443~464.

④ Ennis, H.. Loanable funds, monitoring and banking European [J]. Finance Review, 2001, 5 (1), pp. 79~114.

⑤ Chen, N.. Bank net worth, asset prices and economic activity [J]. Journal of Monetary Economics, 2001, 48 (2), pp. 415~436.

（Gilchrist，1999）。][1][2] 模型建立在银行行为利益最大化理论基础上，弥补了以前的模型重视借款者行为而忽视了银行微观行为的不足。

在此，本节提出霍姆斯特龙和泰勒尔模型的拓展：金融混业集团下的资本最优化模型。从微观的层面，结合实物资本积累和资产净值，使金融混业集团下的资本最优化凸显出来，明确考虑资本充足率要求。

基于金融混业集团作为利润最大化的金融中介角色，在霍姆斯特龙和泰勒尔模型的基础上研究金融混业集团的资本最优化模型。除了资产净值之外，金融混业集团作为金融中介机构可以通过家庭储蓄及非银行附属公司基金作为贷款的来源。由于银行在非银行附属公司增加投资使得边际回报率等于同业拆借利率。如果存款利率增加，使得存款增加，贷款减少，非银行附属公司的投资也会减少。因而，存款利率和贷款利率的差距对金融混业集团利润最大化有着举足轻重的作用，并且对于整个经济同样十分重要。对金融混业集团利润最大化和对利率差距的变动进行研究，有利于充分理解宏观经济冲击的传导机制。

一、模　型

假设资本运行周期是两代：青年和老年。行为主体有两种：企业和家庭。另外，经济部门有制成品生产者和金融混业集团。制成品生产函数 Y_t 表示为：

$$Y_t = A_t F(K_t, L_t)^{[3]} \qquad (4.14)$$

这里，在时期 t，A_t 代表总技术参数，K_t 代表资本存量，L_t 代表劳动力。老年提供资本存量，青年提供劳动力。若资本完全贬值，制成品可以用来消费或再投入。

在竞争均衡时，工资 w_t 和资本租金 q_t 表示为：

$$w_t = \frac{\partial A_t F(K_t, L_t)}{\partial L_t} \qquad (4.15)$$

$$q_t = \frac{\partial A_t F(K_t, L_t)}{\partial K_t} \qquad (4.16)$$

---

①　Bernanke，B.，& Gertler，M.，Agency cost，net worth，and business fluctuations ［J］. American Economic Review，1989，79（1），pp. 13 ~ 31.

②　Bernanke，B.，Gertler，M.，& Gilchrist，S.. The financial accelerator in a quantitative business cycle framework，In ［J］. Taylor & M. Woodford（Eds），The handbook of macroeconomics ［M］. 1999，pp. 1341 ~ 1393，North Holland.

③　此处，F 为函数标记。

年青一代有着不同的劳动生产率 $\omega \in (\underline{\omega}, \overline{\omega})$。劳动生产率在 $0 \sim 1$ 之间均匀分布，即（$\omega \sim U[0, 1]$）。由于年青一代的工资根据其生产率 ω 确定，年青一代的工资则表示为 ωw_t。年青一代用其资产 ωw_t 承担项目。每个投资项目要求 I_t 单位制成品。因此，如果年轻企业家的资产少于 I_t，就必须进行外部融资 $I_t - \omega w_t$。相反，如果年轻个体没有足够的资本成为企业家，就会变为家庭个体。家庭有两种选择：在金融混业集团附属银行存款；在非银行附属公司投资或直接借款给企业。

这里有两个项目：低风险项目 1 和高风险项目 2。假设两个项目有相同的预期收益 R。为方便起见，假设两个项目的预期收益相同。投资项目总结如表 4.1 所示，假设 $p_2 < p_1$，$0 < R_{b_2} < R_{b_1} < R_{g_1} < R_{g_2}$ 和 $p_1 R_{g_1} < p_2 R_{g_2}$（$p_i$ 表示可行性概率，$i = 1, 2$，$0 < p < 1$）。

表 4.1　每个项目的收益和可行性

项　目	状态（g, b）	可行性	收　益
1	好 g	p_1	R_{g_1}
	差 b	$1 - p_1$	R_{b_1}
2	好 g	p_2	R_{g_2}
	差 b	$1 - p_2$	R_{b_2}

Meh 和 Moran 假设家庭不能监管企业因而不能直接贷款给企业。[①] 然而，此处，假设家庭既能直接贷款给企业，也可以通过金融混业集团附属银行间接贷款。

企业家向制成品生产者售出资本物品 q_{t+1} 获得利润并用来偿还债务。假定一旦企业销售额小于债务，企业家宣布违约。在以上情况有限责任合同条款中，贷款者偏好低风险项目，而借款者偏好高风险项目。由于信息不对称，家庭不能监管借款者行为，因此假设由金融混业集团监管借款者。在这种情况下，即使间接融资项目风险低，企业家也会选择直接融资，从事高风险项目。

---

① Meh, C., & K. Moran. Bank capital, agency costs, and monetary policy [R]. Working Paper, 2004, 6, Bank of Canada.

假设每代人只偏向于老龄消费，因为他们在年轻时没有足够的支付能力以满足需要。因此，年青一代没有消费，而是用他们的资产进行项目投资或贷款。在模型中，个体工资 ωw_t 或劳动生产力 ω 都决定他们是否能成为企业家。

首先，从家庭个体的角度考虑金融混业集团下的资本最优化。如果家庭个体只在他们年老时消费，则目标函数为：

$$\max E c_{t+1}^{h} \tag{4.17}$$

$$s.\,t.\ d_t + l_t \leqslant \omega w_t \tag{4.18}$$

$$c_{t+1}^{h} \leqslant (1 + \bar{r}_t)\, d_t + (1 + rd_t)\, l_t \tag{4.19}$$

这里 E 表示未来经营者，c_{t+1}^{h} 表示家庭消费，l_t 和 d_t 分别表示为贷款和存款。

如果贷款和存款收益不同，那么理性家庭会投资于收益更高的资产。比如，在 $\bar{r} > r_d$（$\bar{r}$ 表示存款利率，r_d 表示贷款利率）情况下，家庭将所有的资金投入金融混业集团，而不给予直接借贷；结果企业家无法进行直接融资（如戴尔蒙德（Diamond）和迪布维格（Dybvig），Diamond）。[1][2] 相反，如果 $\bar{r} < r_d$，那么家庭就把所有资金贷给企业家。为了消除两种极端情况，假设 $\bar{r} = r_d$。换句话说金融混业集团下的家庭套利使得两种利率相等。

现在考虑金融混业集团下的企业家行为，目标函数如下：

$$\max E c_{t+1}^{e} \tag{4.20}$$

$$s.\,t.\ l_t \leqslant \omega w_t + b_t \tag{4.21}$$

$$c_{t+1}^{e} \leqslant \max\{ q_{t+1} RI_t - (1 + r_t) b_t, 0 \} \tag{4.22}$$

这里 c_{t+1}^{e} 表示企业家消费，b_t 表示负债。如果 b_t 为负，说明企业家持有多余的资金（$\omega w_t - I_t$）。如同家庭一样，企业家把过多的资金贷给其他的企业家或投入金融混业集团。方程（4.22）表示符合有限责任合同条款的预算约束。

融资方式有直接融资和间接融资。首先，考虑直接融资。由于家庭把资金投入金融混业集团，他们就不会对企业融资。因此，参与者受到约束条件：

---

① 周小川：《保持金融稳定防范道德风险》[J]，《金融研究》，2004 年第 4 期。

② 侯杰、余珊萍：《对我国金融控股公司内部交易问题的监管措施研究》[J]，《现代管理科学》，2005 年第 1 期，第 16 ~ 17 页。

$$p_2(1 + \bar{r}_t)(I_t - \omega w_t) + (1 - p_2)q_{t+1}R_{b_2}I_t \geq (1 + \bar{r}_t)(I_t - \omega w_t)$$

为了能通过直接融资，使 $\bar{\omega}_t w_t$ 为借款者净值的最小值。重新调整上述方程，得：

$$\bar{\omega}_t w_t = I_t\left[1 - \frac{q_{t+1}R_{b_2}}{1 + \bar{r}_t}\right] \tag{4.23}$$

其次，考虑间接融资，它的资金来源的主体是金融混业集团。为了阻止借款者从事高风险项目，对借款者进行监管。假设监管要求每单位贷款额有 μ 单位制成品。一旦金融混业集团的借贷资金收益低于成本，则不会对企业融资，设 $r_{i,t}$ 为贷款利率。约束条件如下：

$$p_1(1 + r_{i,t})(I_t - \omega w_t) + (1 - p_1)q_{t+1}R_{b_1}I_t - \mu(I_t - \omega w_t) \geq (1 + \bar{r}_t)(I_t - \omega w_t)$$

令 $\underline{\omega}_t w_t$ 为最小间接借款净值，方程（4.23）变为：

$$\underline{\omega}_t w_t = I_t\left[1 - \frac{(1 - p_1)\ q_{t+1}R_{b_1}}{1 + \bar{r} + \mu_t - p_1\ (1 + r_{i,t})}\right] \tag{4.24}$$

根据每个年青一代的劳动生产率把他们分为三种类型。一个极端是，行为人有很高的生产率也就是 $\omega \geq \bar{\omega}_t$，可以通过直接融资进行投资；另一个极端是，行为人有很低的生产率也就是 $\omega < \underline{\omega}_t$，既不能进行外部融资也不能从事投资项目；在这两个极端中间，$\underline{\omega}_t \leq \omega < \bar{\omega}_t$ 可以间接融资进行投资项目。在 $\omega \geq \bar{\omega}_t$，行为人称为企业家；在 $\omega < \underline{\omega}_t$，行为人称为家庭。

最后，考虑金融混业集团。集团持有净资产值 N_t。他们从家庭和企业的剩余资金中筹集资金（企业家有 $\omega > \frac{I_t}{w_t}$），然后融资于企业家，这些企业需要额外的资金进行项目投资（企业主有 $\underline{\omega}_t \leq \omega < \bar{\omega}_t$）。假设金融混业集团属于垄断竞争组织，由市场力决定其贷款利率。同样，考虑多方面影响，存款利率由多种因素共同决定。金融混业集团的垄断力在存款市场上因家庭套利而被削弱，因此，假设金融混业集团不能决定存款利率。结果是，两种利率（直接融资利率和存款利率）相等。进一步假设金融机构要求金融混业集团满足一定的资本充足率 η。换句话说，集团必须持有超过所要求的资产净值。假设金融混业集团将资产净值 n_t 融资企业。则在给定存款利率的条件下，资本最优化均衡条件为：

$$\max_{r_{i,t}} \prod_t = \int_{\underline{\omega}_t}^{\bar{\omega}_t} [(1 + r_{i,t})(I_t - \omega w_t) - (1 + \bar{r}_t)(I_t - n_t - \omega w_t) - \mu(I_t - \omega w_t)]d\omega$$

$$+ \int_{\underline{\omega}_t}^{\bar{\omega}_t} \left[p_1 (1 + r_{i,t}) (I_t - \omega w_t) + (1 - p_1) q_{t+1} R_{b1} I_t \right.$$

$$\left. - (1 + \bar{r}_t) (I_t - n_t - \omega w_t) - \mu (I_t - \omega w_t) \right] d\omega \qquad (4.25)$$

$$s.t. \ \eta \int_{\underline{\omega}_t}^{\bar{\omega}_t} (I_t - \omega w_t) \ d\omega \leqslant N_t \qquad (4.26)$$

这里 $\bar{\omega}_t = (\frac{I_t}{w_t}) [1 - \frac{(q_{t+1} R_{b1})}{(1 + r_{i,t})}]$，即使项目失败，借款者此时也可以偿还债务。如果金融混业集团将其资产净值全部贷给借款者，N_t 和 n_t 的关系如下：

$$N_t = n_t (\bar{\omega}_t - \underline{\omega}_t) \qquad (4.27)$$

在时期 t 金融混业集团有资产净值或权益资本 N_t，可以获得利润如方程（4.25）。如果 $\prod^*$ 是最大利润，金融混业集团的资产净值 N 变为：

$$N_{t+1} = \prod_t^* (K_t, N_t) - c N_t \qquad (4.28)$$

这里 c（ > 0）表示维持资产净值的管理成本。方程表示利润最大值等于每个时期的资产净值 N_{t+1} 的最大值。事实上，由于 N_t 的调整成本不是严格凸起的，而是线性的，因此，金融混业集团可以在每个时期最大化其利润，从而使未来时期 T 的资产净值 N_t 最大化。

二、均衡

首先考虑信贷市场。信贷供给方为家庭，企业家和金融混业集团都是信贷需求方，不能通过外部融资进行项目投资，使市场达到均衡。因此，信贷市场均衡条件为：

$$\int_{\underline{\omega}_t}^{I_t / w_{t_t}} (I_t - \omega w_t) d\omega = \int_0^{\omega_t} \omega w_t d\omega + \int_{\frac{I_t}{w_t}}^1 (\omega w_t - I_t) d\omega + N_t \qquad (4.29)$$

方程左边代表信贷需求，右边代表供给。左边的第一项是家庭资产，第二项是企业盈余资金，第三项是金融混业集团资产净值。从资本最优化的一阶条件和方程（4.29）可以得出市场出清贷款利率和存款利率，$r_{i,t}^*$ 和 $\bar{r}_t^*$。因此，$t+1$ 时期的资本市场均衡条件为：

$$K_{t+1} = (1 - \underline{\omega}_t) R I_t \qquad (4.30)$$

根据方程（4.30），下一个时期的资本存量等于企业数量与项目预期收益的乘积。因此，t 时期的劳动力市场均衡条件为：

$$L_t = \int_0^1 \omega d\omega \qquad (4.31)$$

由于劳动力供给在方程（4.31）是固定的，将制成品生产函数 $Y_t = A_t F(K_t, L_t)$ 写为 $Y_t = A_t F(K_t)$。因此，工资和资本租金为：

$$q_t = A_t f'(K_t) \tag{4.32}$$

$$w_t = A_t [f(K_t) - K_t f'(K_t)] \tag{4.33}$$

从方程（4.29）和方程（4.30）可得：

$$K_{t+1} = R\left(N_t + \frac{1}{2}w_t\right) \tag{4.34}$$

将方程（4.33）代入方程（4.34）可得 K 的差分方程：

$$K_{t+1} = R\left(N_t + \frac{1}{2}A_t[f(K_t) - K_t f'(K_t)]\right) \tag{4.35}$$

方程（4.28）、方程（4.33）和初始条件 K_0、N_0 决定了 K 和 N 的时间路径。

三、稳定状态和转换

现在来分析经济转变。方程（4.28）和方程（4.33）形成差分方程的两维体系。用图 4.1 来分析稳定状态和转换动态体系。

根据方程（4.35），条件 $\Delta K_t \equiv K_{t+1} - K_t = 0$ 可推出以下方程：

$$N_t = \frac{1}{R}\left(K_t - \frac{R}{2}A_t[f(K_t) - K_t f'(K_t)]\right) \tag{4.36}$$

根据方程（4.30），条件 $\Delta N_t \equiv N_{t+1} - K_t = 0$ 可得：

$$N_t = \frac{\prod_t^*(N_t, K_t)}{1 + c} \tag{4.37}$$

图 4.1 说明稳定状态决定因素值在 $\Delta K_t = 0$ 和 $\Delta N_t = 0$ 交叉的范围内。基于新古典生产函数，经济体系最多有稳定和不稳定两个均衡。稳定的均衡在 (K^*, N^*) 点。而点 K^D 表示没有金融中介的均衡下经济资本存量。

方程（4.28）中在资产净值积累下，利润最大化意味着资产净值达到最大化。资产净值 N_t 越大，金融混业集团对企业的融资量越多。因此，企业能获得更多的实物资本 K_t，从而增加其利润。换句话说，金融混业集团和企业的利润都增加，资产净值 N_t 也随之增加了。正是由于这种互补性，在静态情况下，企业在金融混业集团下的资本存量更多。

这里指出，在有资本监管约束时，E^C 为均衡点；在没有监管约束下，E^N 为均衡点。略微倾斜的部分 $\Delta N_t = 0$ 在 N_t 值很小的部分，这表示金融混业集团受到资本监管的约束。当监管生效时，$\Delta N_t = 0$ 的轨迹变得平坦。假设在监

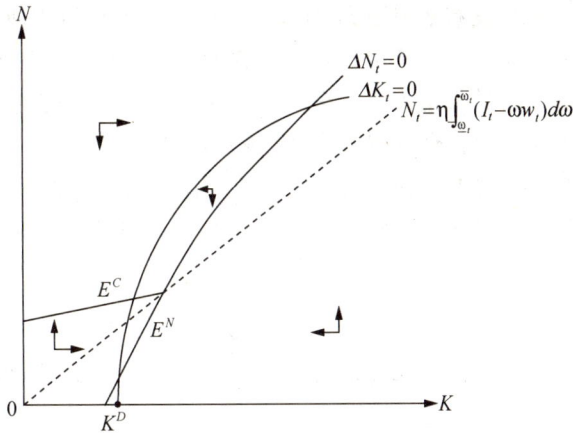

图 4.1　资本（K）和银行资产净值（N）的动态变化

管下的最大化利润为 $\prod_t^c$（N_t，K_t）。根据定义，在 $\prod_t^c$（N_t，K_t）中任意 K_t，N_t 都比 N_t 在没有监管时大。在监管下，金融混业集团最大可融资量为 $\dfrac{N_t}{\eta}$，在图 4.1 中用虚线表示。这也是 $\Delta N_t = 0$ 在很低的 N_t 位置发生转折的原因。

四、经济影响和资本充足率监管影响

考虑生产力负面效应对经济的影响。这种负面效应在 A_t 下降。为了研究转变的影响，除了两个轨迹的方向改变，还应该注意时段。假定负面效应在企业进入生产过程之后或在产品制成之前发生。当负面影响产生时，一些企业不能执行合同。结果，金融混业集团出现呆账。这说明在负面效应开始时，金融混业集团资产净值 N_t 下降，实物资本 K_t 保持不变。

当生产力产生负面影响时，年轻个体的工资降低。在方程（4.36）中，$\Delta K_t = 0$ 轨迹左移，在方程（4.37）中，由于 A_t 降低，$\Delta N_t = 0$ 轨迹下移。$\Delta N_t = 0$ 的转折部分向上移动。在生产力的负面效应下，$\Delta K_t = 0$ 轨迹向下移动的原因就很明显了。生产力的负面效应导致一些借款者无力偿还债务。换句话说，金融混业集团在这种影响下产生呆账。接下来就是消除呆账，这种呆账使资产净值减小。以上也就是 $\Delta N_t = 0$ 轨迹向下移动的原因。但由于金融混业集团自身的多样化优势使得集团的呆账缩小，也就是 $\Delta N_t = 0$ 轨迹仅仅轻微向下移动。

假定一开始就在没有监管的均衡状态 E^N 下。生产的负面效应降低存款利率和贷款利率，如表 4.2 所示，贷款利率的下降比存款利率的下降幅度大。这说明金融混业集团的收益为负，资产净值减少。一系列变动如图 4.2 所示。如果生产负面效应发生，金融混业集团突然出现呆账，经济减速至 B_1 并逐渐向新的均衡状态 E'^N 移动。新的均衡状态 E'^N 在原均衡状态 E^N 的左下方。因此，资本存量和金融混业集团资产净值在新的均衡状态下比原来的均衡状态下小。

表 4.2   对每个冲击的反应

冲击	监管	存款利率 $\bar{r}$	贷款利率 r_i
生产率负面冲击 A↓	否	↓	↓
监管强度 η↑	是	↓	↑

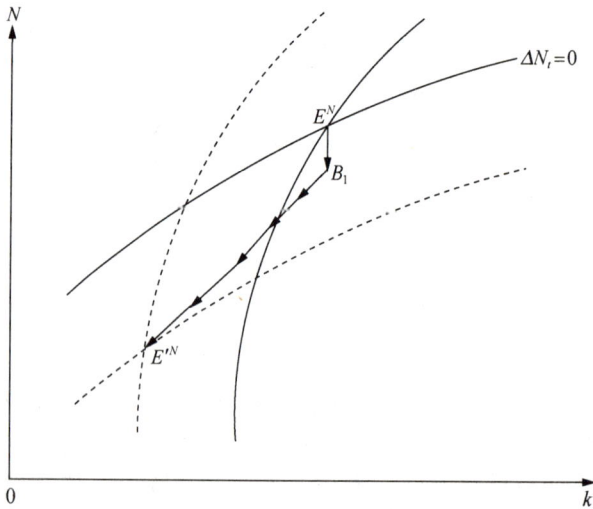

图 4.2   没有监管时生产率负面冲击影响

接下来，假设当资本充足率监管生效时，达到均衡状态 E^C（见图 4.3）。在这种情况下，由于呆账，生产力的负面效应立即使其移动到 B_2。然而，金融混业集团不能在 B_2 运营，因为他们必须满足资本充足率要求。因此，金融混业集团将减少资金输出量，经济向左移到点 B_3。在资本监管下，由于生产力负面影响会降低存款利率但同时会提高资金输出收益率，金融混业集团因而获得正利润，则经济逐步向新的均衡状态 E'^c 移动（E'^c 在 E^c 的左上方）。在 E'^c 下，当资本存量减少时，金融混业集团资本净值增加。这与没有监管时形成鲜明的对比，如图 4.3 所示的过渡动态。

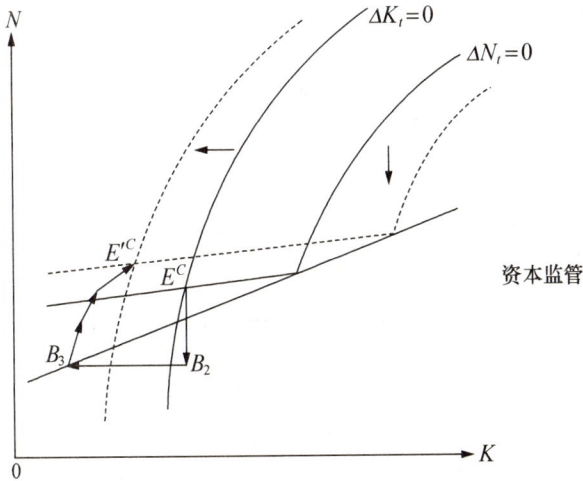

图 4.3　在监管下生产率负面冲击影响

现在，考虑资本充足率的变动。这种动态变动如图 4.4 所示。假定金融混业集团的资本固定，当金融机构加强资本充足率，$\Delta N_t = 0$ 的约束部分上移。如果金融混业集团的资产净值很大，那么加强监管对经济没有影响。这是一种均衡状态下保持经济不受影响的情况。然而，另外一种情况是银行在资本监管下有新的均衡状态。下面是金融混业集团在没有增加资产净值下反而紧缩贷款的动态情况。首先，经济处于 E 点。在加强资本监管后，经济立即向左移动（点 B_4），因为金融混业集团需要减少贷款以满足监管要求。加强监管减少存款利率，增加贷款利率，如表 4.2 所示。利率的变动使得银行利润增加。经济逐渐向新的均衡状态 E' 移动。资本存量和银行资产净值在 E' 点比原来的均衡状态 E 大。这说明加强监管要求导致了短期的生产量减少，但增加了长期的生产量。

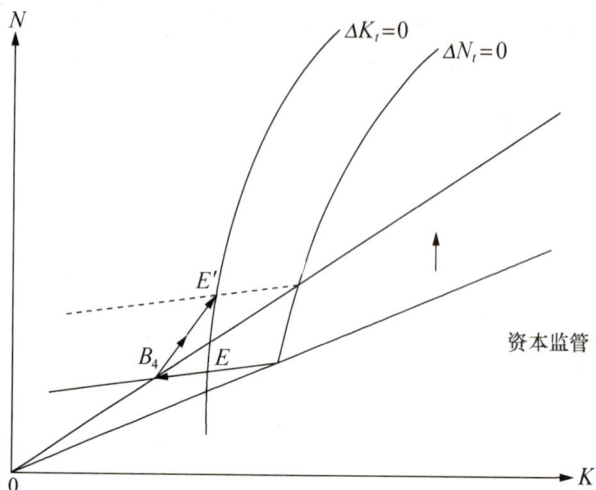

图 4.4　加强监管的影响

其次，从生产力负面效应和监管加强的综合影响方面来看，固定金融混业集团平均资本比率，加强资本监管要求，金融混业集团在一段时间后必须达到监管要求。假设经济同时受到负面影响，如图 4.5 所示。E 代表经济受到负面影响之前的情况。如果生产力负面影响和监管同时增强，经济会立刻移动到 B_6。之后，经济逐步移动到新的均衡状态 E'。由于负面影响，相比只有监管加强的情况，在新的状态下资本存量并不一定比原来大。

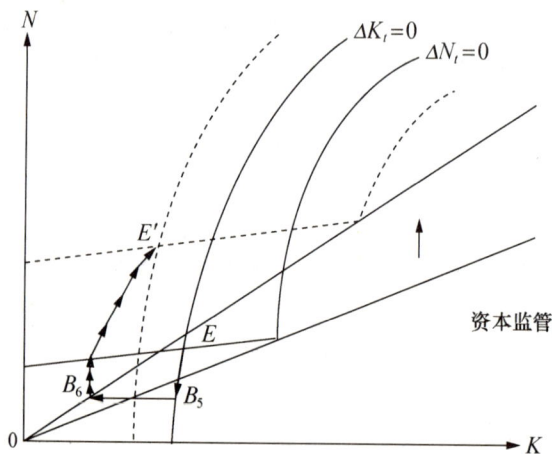

图 4.5　加强监管和负面影响

第三节　资本充足率要求的单期和多期监管模型

随着经济的发展，金融市场越来越复杂，使得有关商业银行的资本充足率受到了新的质疑。其中一个基本的问题就是私人利益和公共利益不一致：银行是否会主动保持资本金的充足，以此来防止倒闭？还是应该通过强制手段来使银行的资本达到充足？①

一些学者针对银行的资本与资产比例长期下降这一趋势，强调应该加强债务管理，并且通过预先征收或其他能产生同等作用的措施来进行多样化的管理。

以往的观点对于资本的作用主要强调两点：一是资本作为准备金的来源，它使银行能够有充足的资金来扩充资产；二是资本作为资产价值上下波动的缓冲器。作为准备金的来源，银行资本为股东带来收益，比如银行存款以及其他一些资金来源都可以为银行扩充资产提供资金。并且当预期利润超过其资金成本时，其净收益全部归股东所有。另外，在紧缩的货币政策时期，资本被视为即期票据，这就降低了银行处于高贷款成本和无中间人时的风险。此外银行资本不易受法定准备金的影响，它更容易促进贷款的增多。对于大多数银行来说，贷款额度被限定于一定比例的盈余资本内。

在风险函数中，银行资本主要用于为存款者提供收益。因为资本在资产价值中吸收能力退化，降低了存款者的预期损失，银行资本也可以提升公众对银行的信心，同时减弱银行传递危机的可能性。如果出现了破产，由存款者提供的资本可以减少损失。然而，这不能说是因为资本是风险的缓冲器，而是因为它给存款者带来盈利。而对于股东来说，任何风险都不会降低，这种给存款人提供额外的资金的做法仍会导致有关银行存款条款的调整，而把风险传导给股东。

---

① 在一开始，"资本"就存在怎样定义的问题。狭义的"银行资本"只代表所有者权益。而广义的"银行资本"包括了所有者权益和其债务。在以下讨论中，银行只有存款和资产净值，因此把银行资本等同其资产净值。然而，如果银行资本取其广义，仍不会改变本书的结论。

一、金融混业集团的资本供给

金融混业集团的资金来源：银行存款为 D，非银行附属公司投资 P 和基金 C，资产净值为 E。在持续的一段时期里，存款人和投资人分别向金融混业集团提供资金，在允许的条件下，金融混业集团在每一时间段向存款人支付 $i\%$ 的利息和其他投资红利，与此同时，存款人和投资人也有可能向金融混业集团支付每次 p 元的交易费用，r 表示所要求的准备金率。

L 为风险贷款，目标函数为：

$$L = D(1 - r) + E + P + C \tag{4.38}$$

期末，金融混业集团赎回贷款和不确定的贷款收益，$\theta G(L) = \theta R(L)$，$L$ 根据递增的分布函数 $G(L)$，θ 表示资金价值的变化，范围在 $[0, 1]$。$R(L)$ 代表净利润平均值与贷款之比。通过假定 $R'(L) < 0$ 以此来表示处于不完全竞争的资本市场。因此，在给定 L 水平的条件下，金融混业集团最多能收回全部的契约贷款和投资。此外，当 L 增加时，契约贷款和投资的平均利润会降低。

当然，金融混业集团也从存者者和投资者那里收到交易报酬，获得资金为 rD，而这部分现金既无风险也无利润。无论是贷款、投资、交易服务的收入还是其储备金，金融混业集团必须首先以此来偿还其负债：支付存款、利息和红利以及提供交易服务所需成本。

从一开始，金融混业集团就必须根据其资本流入量和所有者权益（资本结构）决定资本流出量。由于比起分配给股东而言，这些资金由金融混业集团支配能更好地进行多样化投资，获取规模收益，进而收获更大的利益，因此股东们希望能实行使其所有者权益净值最大化的经济政策。如果单个股东以无风险投资，则当前资金回报价值仅与最初的投资相等，金融混业集团可以通过投资于更具收益的项目来提高股东预期收益的当期价值，从而促使股东扩大最初投资。

下文将分析由于监管环境的改变，当期净价值的波动会影响资本结构。为了更有利于观察股东的最佳投资状况，这里忽略监管当局对金融混业集团资本的直接监管。

1. 金融混业集团储备金的监管

第一种情况，在没有存款保险的情况下，公共监管者对金融混业集团的留存储备提出细致的要求。金融混业集团收取每次 p 元的交易服务费，而成本是 c 元。

　　从投资者的角度来看，留存资金和进行交易是一个相异的活动。他们的选择主要根据交易服务价格和存款预期收益来决定。从单个银行的角度来看，存款市场被认为是完全竞争的，而从金融混业集团的角度，资金流进也可以看成投资者存钱，资本流入市场也是完全竞争。

　　当资金流入由市场决定时，其总量会增大，此时金融混业集团所提供的交易服务的预期总量（T）会增加，金融混业集团从交易服务中获得的利润π可以表示为：

$$\pi(D) = (p - c)T(D) \tag{4.39}$$

此时 $T'(D) > 0$。

　　假设不考虑税收，从一开始，所有的规则都已制定，所有的金融混业集团的预期相同，所有的金融混业集团都是风险中立者，任意金融混业集团都可以在无风险市场上以 ρ 利率贷出期望的金额。在期末时，金融混业集团的股东可以获得资本流出所得的收益、交易服务报酬，以及留存储备超过资本流出负债的那部分。因此，所有者权益的当期价值 N 可以表示为：

$$N = \frac{\int_{\theta^*}^{1}\left[\theta G(L) + (p - c)T(D) + rD - (1 + i)D\right]dF(\theta)}{1 + \rho} - E \tag{4.40}$$

θ^* 表示金融混业集团为避免破产所需的最低资本流出收益。

$$\theta^* G(L) + (p - c)T(D) = (1 + i - r)D \tag{4.41}$$

当 θ 低于 θ^*，表明金融混业集团亏损，而股东没有任何收益。

　　期初时，金融混业集团自主选择 E 和 D 来使所有者权益的当前净价值（N）最大化。联立公式（4.39）和公式（4.40），则 N 表示为：

$$N = \frac{\int_{\theta^*}^{1}\theta G(L)dF(\theta) + [\pi + rD - (1 + i)D][1 - F(\theta^*)]}{1 + \rho} - E \tag{4.42}$$

　　公式（4.38）中可以看出，在资本流出存量不变的情况下，资本流出增量会随着所有者权益的增加而增加，股东的边际利润表示为：

$$\frac{\partial N}{\partial E} = \frac{1}{1 + \rho}\left\{\int_{\theta^*}^{1}\theta G'(L)dF(\theta) - \theta \times G(L)f(\theta^*)\frac{\partial \theta^*}{\partial E} - \right.$$

$$\left. [\pi + rD - (1 + i)D]f(\theta^*)\frac{\partial \theta^*}{\partial E} - [1 - F(\theta^*)]D\frac{\partial i}{\partial E}\right\} - 1 \tag{4.43}$$

　　在这里，$f(\theta)$ 是 θ 的密度函数，当 $\theta > \theta^*$ 时，资本流出所得收益会随

着所有者权益的增加而增加，这里认为 θ^* 与 I（利息和红利）相等。

θ^* 的缩减不会使股东获得资本流出收益、交易服务利润和留存准备，但与此同时，更有可能的是金融混业集团用这部分资金偿还资本流入负债。

把公式（4.41）代入公式（4.43）中可以看出，由于 θ^* 的减少而导致直接利润的下降完全可以通过预期收入的增加来弥补。因此对股东来说，由于 θ^* 的缩小而产生的利润的减少，可以间接通过改变存款率来补偿。

在均衡状态下，对于所有的金融混业集团来说，投资人投资的归还必须无风险。因此：

$$E(R_D) = 1 + \rho = (1+i)[1 - F(\theta^*)] + \frac{\int_0^{\theta^*} \theta G(L) dF(\theta) + (\pi + rD)F(\theta^*)}{D}$$

(4.44)

在投资不变的情况下，任意金融混业集团的所有者权益的增加都会使投资者的预期存款收益 $E(R_D)$ 增加。为了继续保持平衡，金融混业集团的契约投资利率 i 必须降低。对公式（4.44）求 E 的偏导，并使 $E = 0$，可以得到均衡条件：

$$0 = [1 - F(\theta^*)]D(\frac{\partial i}{\partial E}) + \int_0^{\theta^*} \theta G'(L) dF(\theta)$$

(4.45)

把公式（4.45）代入公式（4.43）中，得到均衡条件：

$$\frac{\partial N}{\partial E} = \frac{\int_0^1 \theta G'(L) dF(\theta)}{1 + \rho} - 1$$

(4.46)

通过调节 i 使 $E(R_D)$ 与其市场决定水平一致，这时无论 θ 与 θ^* 大小如何，股东都可以得到所增加的全部贷款收益。

在某种程度上说，新增资金流出具有盈利能力，它们可以作为股东新增所有者权益的资金来源。投资者可以从减少金融混业集团破产概率中获得好处，但股东可以通过降低投资率来控制这部分利润。因此，股东从边际权益中获得的收益等同金融混业集团的全部所有者权益。

通过比较金融混业集团增加所有者权益的动机可以估计监管变化所产生的影响，如等式（4.46）。

与等式（4.46）类似的一个等式可以表现在所有者权益不变的情况下从新增的存款中获得的净利润：

$$\frac{\partial N}{\partial D} = \frac{\int_0^1 \theta G'(L)(1 - r) dF(\theta) + r + \pi'(D)}{1 + \rho} - 1$$

(4.47)

新增的投资会带来资金流出收益及交易费用，但由于投资必须预留，因此不会获得所有的收益。

对 N 求 E 的全导，则最大收益表示为：

$$\frac{dN}{dE} = \frac{\partial N}{\partial D}\frac{dD}{dE} + \frac{\partial N}{\partial E} = 0 \tag{4.48}$$

从公式（4.48）中，在资金流出的约束条件下，所有者权益被用来支付债务：

$$\frac{dD}{dE} = -\frac{1}{1-r} \tag{4.49}$$

联合公式（4.46）、公式（4.47）、公式（4.48）、公式（4.49），得出：

$$\frac{dN}{dE} = \frac{r\rho - \pi'(D)}{(1-r)(1+\rho)} = 0 \tag{4.50}$$

因此，必须由所有者权益来代替负债，直到通过准备金提供资金流出可获得的收益与提供交易服务可获得的收益相等时为止。不考虑对收入征税和破产成本，存在着最佳的资本结构。

在这个模型中，法定准备金以及存款和交易服务之间的相互补充，是使资产结构最优化的关键。在没有准备金的要求下，投资交易费用会在全部投资收回之前，成为投资代替准备金的推动力。相反，当有准备金要求的情况下，若投资与交易服务收益之间没有关系，所有者权益能达到最优。准备金的作用如同对注资①征税，它会减少注资。只有在既不存在准备金要求，又没有注资与交易服务的互补关系时，股东的财产净值才不能改变资本结构。

2. 要求提取准备金和禁止支付注资利息

第二种情况，因为注资需求由 p 和 $E(R_D)$ 共同决定，金融混业集团能够通过调整交易服务费用，吸引注资，来弥补由于准备金而丧失的资本，同时又必须为这些注资者支付利息。在这种情况下，注资的目标函数期望利润为：

$$E(R_D) = 1 - F(\theta^*) + \frac{\int_0^{\theta^*} \theta G(L)\,dF(\theta) + (\pi + rD)F(\theta^*)}{D} \tag{4.51}$$

当期金融混业集团所有者权益净价值为：

$$N = \frac{\int_{\theta^*}^1 \theta G(L)\,dF(\theta) + [\pi + (r-1)D][1 - F(\theta^*)]}{1+\rho} - E \tag{4.52}$$

---

①　注资在这里指金融混业集团所属银行存款或证券公司客户资金或保险公司客户资金。

这里，忽略 π，则金融混业集团破产的约束条件为：

$$\theta^* G(L) + \pi = (1 - r) D \qquad (4.53)$$

在这种情况下，若单个金融混业集团要增加新的所有者权益，必须提高注资的安全性，而金融混业集团无法通过降低 i 来增加利润。增加单个金融混业集团的所有者权益会使注资的预期收益增加，这也是其更具有吸引力的原因。在 ρ 给定的情况下，每家金融混业集团都认为增加所有者权益就能够吸引新的注资。因此，股东的预期净利润目标函数表示为：

$$\frac{\partial N}{\partial E} = \left[\frac{\int_{\theta^*}^{1} \theta G'(L) \, dF(\theta)}{1 + \rho} - 1 \right] +$$

$$\frac{\partial D}{\partial E} \left\{ \frac{\int_{\theta^*}^{1} \theta G'(L)(1 - r) \, dF(\theta) + (\pi' + r - 1)[1 - F(\theta^*)]}{1 + \rho} \right\} \qquad (4.54)$$

方程的第一部分表示新的所有者权益会影响资金的来源，这与等式 (4.43) 分析的相同；方程的第二部分反映了资金流出的增加会带来新增的净利润，金融混业集团会采取各种手段来吸引注资。因为每一个金融混业集团在吸引注资的能力上相同，并且对于所有金融混业集团来说，$E(R_D)$ 相等，每一个竞争者都会不断地增加所有者权益，直到 $\left(\frac{\partial N}{\partial E} \right) = 0$。比较方程 (4.54) 和方程 (4.46)，由于新增的所有者权益可以作为资金来源或者抵御风险的保护者，因此股东可以从中获利。为提高预期收益率，金融混业集团必须吸引注资而同时产生竞争，这就要求金融混业集团增强注资的安全性。

3. 要求提取准备金、禁止支付注资利息和存款保险

第三种情况，若金融混业集团为全部注资支付保险费，则监管者为注资提供担保，$I = I(D)$：

$$N = \frac{\int_{\theta^*}^{1} \theta G(L) \, dF(\theta) + [\pi + (r - 1) D - I][1 - F(\theta^*)]}{1 + \rho} - E \qquad (4.55)$$

决定金融混业集团破产的约束条件为：

$$\theta^* G(L) + \pi - I = (1 - r) D \qquad (4.56)$$

如果金融混业集团破产，则监管者可以得到其资产并且支付所有的金融混业集团负债。因此，对于所有金融混业集团来说，$E(R_D)$ 均相同，金融混业集团不会考虑其资本结构。这就会出现金融混业集团无次序的注资争夺战。

如果金融混业集团通过增加所有者权益的方式来增加资金流出，股东的净利润就表示为：

$$\theta^* G(L) + \pi - I = (1-r)D \tag{4.57}$$

在这种政策下，新增的所有者权益只能发挥其作为资金来源的功效，而股东们也认识到只有资金流出的预期收益增加才能使 $\theta > \theta^*$。新增的所有者权益降低了存款保险金的预期负债，只要这部分利润不转移给股东，就不会对金融混业集团的基本决定产生影响。

比较等式（4.46）、等式（4.54）和等式（4.57），在第三种情况下，增加所有者权益的推动力是较弱的，明显弱于第一种情况和第二种情况。这是因为注资保险政策不能起到保护资本免遭损失的作用。当对所有的注资征收保费时，先前在决定资本结构中起关键作用的注资人和股东之间的关系就被切断。

如果监管者关注的仅仅是保护政策，即通过存款保险使金融混业集团破产几率最小或者金融混业集团外部风险最小化，则监管当局会采取严厉的措施。只要注资不能提供足够的资金用于资本流出，金融混业集团就会增加新的所有者权益。但是由于每单位资本的增加都会提高系统的安全性，则监管者对资本的需求就变得贪得无厌。从等式（4.57）中看到，监管者只有一个办法推动金融混业集团增加资本的自主性，那就是加强金融混业集团在贷款市场上的监管，使其获得更多的资金以增加资本流出额。

二、多期模型

单期模型的不足之处在于，它没有考虑到金融混业集团通过增加资本来应付不能预料的注资提取，同时单期模型也没有考虑到金融混业集团可以通过增加资本来维持金融混业集团的远期市场价值。然而，这在多期模型中得到更好的应用，并且不会改变第一部分的结论。以下通过在第三个监管环境中进行论证。所有者权益的最初增加除了具有提供资金来源的作用以外，还可以提高金融混业集团的预期价值，但不能影响最初的资本结构。

$$N_1 = \frac{1}{1+\rho} \int_0^1 \int_{\theta_1^*}^1 [\theta_1 G(L_1) + \pi(D_1) - I(D_1) -$$

$$\mu(1-r)D_1 - \hat{L}_2 + \hat{S}_2] dF(\theta_1,\mu) - E_1 \tag{4.58}$$

$\hat{L}_2$ 表示第二期最佳资本流出总量，$\hat{S}_2$ 表示金融混业集团的所有者权益在第二期期初时的最大化价值的目标函数为：

$$\hat{S}_2 = \frac{1}{1+\rho} \int_{\theta_2^*}^1 \left\{ \theta_2 G(\hat{L}_2) + \pi[(1-\mu)D_1] - I[(1-\mu)D_1] - \right.$$

$$\left. (1-r)(1-\mu)D_1 \right\} dF(\theta_2 \mid \theta_1, \mu) \tag{4.59}$$

第一期期初，金融混业集团就有存款、所有者权益以及资本流出量。在第一期期末，仍然有不确定的资本流出量损失 $\theta_1 G(L_1)$ 和注资者任意提取的最初 μ 比例注资。就第一期期初而言，这一部分可以从金融混业集团和注资者两个角度来考虑。从资本流出来看，在第一期时，金融混业集团支付交易服务的成本，支付存款保险金，并根据提取的注资，确定第二时期的最佳资本流出数额。$\theta G(L_1) + \pi(D_1) - I(D_1) - \mu(1-r)D_1 - \hat{L}_2$ 为正，所有的利润都归股东所有。但是，假设它的数额为负时，只要 $\hat{S}_2$ 大于 $\hat{L}_2 - \theta_1 G(L_1) - \pi(D_1) + I(D_1) + \mu(1-r)D_1$，也会有利于股东，增加更多的所有者权益，从而使银行在一个最佳的水平上运行。这样，金融混业集团不会倒闭。第一时期的资本流出收益表示为：

$$\theta_1^* G(L_1) + \pi(D_1) + \hat{S}_2 = I(D_1) + \mu(1-r)D_1 + \hat{L}_2 \tag{4.60}$$

只要金融混业集团继续运营，就会在第二时期产生新的资本流出。第二期期末，金融混业集团取得资本流出收益，但与此同时金融混业集团也必须支付交易成本、支付存款保险以及返还注资。当资本流出收益低于金融混业集团破产底线时，股东有义务偿还负债，均衡条件为：

$$\theta_2^* G(L_2) = I[(1-\mu)D_1] + (1-r)(1-\mu)D_1 - \pi[(1-\mu)D_1] \tag{4.61}$$

一开始，金融混业集团增加第一时期的所有者权益并取得的注资不变，股东获得的净利润表示为：

$$\frac{\partial N_1}{\partial E_1} = \frac{1}{1+\rho} \int_0^1 \int_{\theta_1^*}^1 \theta_1 G'(L_1) dF(\theta_1, u) - 1 \tag{4.62}$$

所有者权益的增加并不能影响 S_2，因为它既不能影响注资提取，也不能影响第二时期的资本流出水平，因此第二时期的最佳水平不会改变。如果金融混业集团需要提升第二时期的水平，则可在第二时期期初增加资金（假设可以直接进入资本市场）。这就说明，金融混业集团收入的增加可以解决资金充足问题。但是模型并没有指出金融混业集团必须保留增加的收益，因为除非资本流出机会增加，否则第二时期最优状况不会改变。然而，由于较高的 S_2 使得股东增加更多的资本，为避免失去对金融混业集团的控制权，预期收入的增加就不会减小当前金融混业集团破产的可能性。

在没有存款保险的时候，金融混业集团更多地关注于增加资金。在多期模型下，资本的增加会提升注资者对金融混业集团的信心，减少资金的撤回预期。这将直接有益于股东，因为所有者权益预期总量增加，使得原本应该在第二时期增加的资金数额减少。

本章小结

本章的目的是对金融混业集团的资本监管理论进行研究和探讨。首先，提出金融混业集团利益最大化模型，得出独立银行与混业控股银行的倒闭概率不同。因为多样化选择、不同的风险偏好、非银行附属公司的投资，决定了最优决策的不同，进而倒闭概率也不同。然而影响倒闭概率的因素无论是对于独立银行还是混业控股银行都是相同的。其次，提出金融混业集团下的资本最优化模型及金融混业集团的资产净值和资本充足率要求的短期、长期宏观经济影响。从微观的层面，结合实物资本积累和资产净值，使金融混业集团下的资本最优化凸显出来，明确考虑资本充足率要求。资本充足率要求监管作为一个稳定器，可以减少宏观冲击的负面影响。尽管加强监管可能导致短期的经济衰退，但可以增加长期资本存量。然而，严格监管的时间选择非常重要。在负面冲击发生时，如果监管变严，经济会陷入长期而严重的衰退。通过对资产状况的测量以及对贷款投资组合的质量测定，使存款保险的变化随着金融混业集团的风险变化而变化。金融混业集团因此可以自主调整资本与注资组合来增加投资机会，但是同时也要求金融混业集团必须保持投资收益和破产危机的平衡。最后讨论了资本单期和多期模型，指出在没有存款保险的时候，金融混业集团更多地关注于增加资金。在多期模型下，资本的增加会提升注资者对金融混业集团的信心，减少资金的撤回预期。这将直接有益于股东，因为所有者权益预期总量增加，使得原本应该在第二时期增加的资金数额减少。

第五章 资本监管与激励机制

从金融监管的发展趋势来看，对金融混业集团的监管不应仅仅是为了其体系的安全和稳定，同时还应促进银行的发展和效率。因此，在监管中不但要考虑外部力量的介入，更要注重金融混业集团内部的激励相容，即监管应当符合而不是违背投资者和银行管理人员利润最大化的经营目标；应在满足监管目标的同时，使金融混业集团财务清偿成本现值相对下降，进而提高金融混业集团的价值。否则，资本监管就降低了金融混业集团的效率，是激励不相容和无效的。

基本上所有对金融混业集团资本监管影响的分析都假定资本监管与金融混业集团决策有关联。比如，审慎的资本要求会约束金融混业集团行为。但这个假设是不现实的。金融混业集团监管者只有有限资源，且不能对金融混业集团头寸进行持续监控。即使观测到违规行为，监管者也不能获得相关金融混业集团的绝对运营控制。他们所能做的仅仅是进行一系列的干预，诸如参与管理、公开谴责和最致命的武器——吊销执照。米尔恩（Milne）和伊丽莎白（Elizabeth）、艾利热贝斯·沃利（Whalley）认为，将谨慎的资本监管视为激励机制，在违约时对金融混业集团进行惩罚。[①] 这些惩罚并不一定是货币性的，任何一种监管干预形式都将给金融混业集团管理和股东引入额外的成本，包括同监管者谈判的时间管理成本，紧急注资时的股权稀释，当资本接近最低水平时信用损失导致融资成本的增加等。

在米尔恩和伊丽莎白、沃利所设定的持续时间里，当金融混业集团违反监管资本要求时，惩罚的激励效果迫使金融混业集团用自由资本来缓冲，从而暂时满足监管要求。[②] 这是持有资本超过最低水平的一个解释。本章将此

---

① Milne, A., Elizabeth Whalley, A., Bank capital and risk taking [R]. Bank of England Working paper, 1999, 90, available on the Bank of England Website.

② Milne, A., Elizabeth Whalley, A., Bank capital regulation and incentives for risk-taking, Mimeo [R]. City University Business School, London, 2001. Available from 〈http://www.staff.city.ac.uk/amilne〉.

观点进一步发展，检验了如此激励机制应用对金融混业集团资产选择的影响，其结果为资本监管对资产选择的影响在许多重要方面都不同于传统监管理论所预测的。

将资本监管视为激励机制也表明，如果违背资本要求的惩罚足够严重，在相对粗略的风险权重或更简化的资本要求杠杆下，金融混业集团投资组合风险也会减少。换句话说，通过自我约束激励机制，把风险管理的主要责任从监管者转移到金融混业集团自身。

第一节　资本监管与激励机制模型假设

假设向量为收益和资产负债。$r = (r^1, r^2, \cdots)$ 表示在一个期间内资产 1，2，$\cdots$ 的预期可变现收益，相应的资产负债（$a + ve$ 表示资产，$a - ve$ 表示负债）由 $a = (a^1, a^2, \cdots)$ 表示。所有的资产负债（除了安全投资资产）的可变现净收益由内生产品 $r'a$ 给出，其他的向量为：ε（可变现的收益分布），μ（预期不可变现收益），θ（不可变现的收益分布），w（风险资本权重），v（净资产）。安全资产用 a^s 表示，在投资期末有收益 r^s。下标的 0，1 分别表示期间的开始和结束。资产负债约束在开始和结束时由资本净值确定。

所有资产的预期可变现收益与资产绝对值具有相同的弹性函数：$\partial (r^i - r^s)/\partial a^i = -1/v$，资产 $v > 0$，负债 $v < 0$，这保证所有资产负债的解是有限的，且为非零。不可变现收益、可变现和不可变现的收益分布与资产数量四者之间相互独立。

金融混业集团投资于一系列风险资产和负债（负资产）$a_0^1, a_0^2, \cdots$ 在一开始这些资产与负债受到资本净值的约束条件为 $C_0 = a_0^s + \sum_i a_0^i$。这里 a_0^s 表示安全资产（现金）。

关于可变现收益和不可变现收益之间的区别。可变现收益来自现金流或资产重估，在流动市场可以出售，可用市场价值衡量。不可变现收益是资产终端价值，不可在流动市场出售。这些不可变现的收益依据标准会计惯例衡量。

总收益（包括可变现和不可变现的）为 $r^i + \mu^i$。这些预期收益受多重因素的影响。资产 a^i 变现和不可变现收益的分布分别为两个零均值随机变量 ε^i 和 θ^i。

安全现金资产有确定的可变现收益 r^s。所有的现金收益可以变现，且有 $\mu^s = \varepsilon^s = \theta^s = 0$。现金借贷费用为 r^s。等价现金借贷利率进一步反映出了股东的无限责任。分析考虑到金融混业集团信誉而忽略了金融混业集团道德风险的可能性，因为大多数的金融混业集团有充足的资金或预期资产净值，这些无限责任对负债成本和激励冒险的影响相对不重要。

表 5.1　不同资产和负债可行收益描述

资　产	负　债			
	预期收益		标准差	
	可变现 r^i	不可变现 μ^i	可变现 $\sigma_{\theta i}$	不可变现 $\sigma_{\theta i i}$
现金（$i=s$）	1.05	0.0	0	0
政府债券	1.06	0.0	0.02	0
权　益	1.09	0.0	0.05	0
贷款 10%	0.20	0.9	0.02	0.01
存款 4%	0.04	1.0	0	0.03

表 5.1 表明了可变现和不可变现收入的区别，是如何操纵一些典型的金融混业集团资产和负债的。撤出注资是一种监管性风险，因为它减少了现金储备，因而减少了金融混业集团的流动性，因此有 $\sigma_{\theta i} > 0$。

假设所有可变现的收益可以转变为现金，资产转化的约束条件为：

$$a_1^s = r^s a_0^s + \sum_i (r^i + \varepsilon^i) a_0^i \tag{5.1}$$

$$a_1^i = (\mu^i + \theta^i) a_0^i \tag{5.2}$$

股东是风险中立者，最大化其期末资产净值的预期价值。为方便分析而进一步假设：金融混业集团资产负债表上的风险在发达市场上对预期收益进行固定折现是合理的，更多实际的假设是股东为风险厌恶者。在不完善市场上引入额外的激励机制以减少资产负债表或结算风险。对股东没有惩罚。预期资产净值的目标函数为：

$$E(C_1) = E\left(a_1^s + \sum_i a_1^i\right) = C_0 + r^s a_0^s + \sum_i (r^i + \mu^i) a_0^i \tag{5.3}$$

在短期 C_0 是外生变量。对于中期分析，如果股东提供预期收益 $\rho > r^s$，则假定股东愿意提供额外资金。此时 C_0 为内生可选变量，股东的预期额外收益为 $E(C_1) - \rho C_0$。

为说明的简单，假定围绕着预期价值的收益分布是独立于资产负债表的资产数量的。预期不可变现的收益同样独立于资产数量。预期可变现收益和资产负债表相应量有相同的弹性函数，均衡条件为：

$$\frac{\partial\ (r^i - r^s)}{\partial a^i} a^i = -1/v^i$$

这里，v^i 表示资产或负债 i 的不完全需求弹性利率，$v^i > 0$ 表示资产，$v^i < 0$ 表示负债。这个最后的假定为的是限制金融混业集团资产负债表规模，对于后面的结论不是必需的。

第二节　资本监管约束

本章中假设资产选择受制于初期风险加权后的监管资本约束 $C_0 \geq \sum w^i a^i$。不同的风险权重 w^i 价值依据 1988 年巴塞尔协议要求所建议的风险权重确定。

一、短期投资组合配置与外部资本

短期资本是外生的，金融混业集团在运营初期继承了资本净值 C_0。金融混业集团在资本约束下对决策进行最优模型化，目标函数为：

$$\max C_1 = r^s a_0^s + (r + \mu)' a_0$$

有约束条件 $C_0 \geq w' a_0$，$a_0^s = C_0 - 1' a_0$。替换安全资产 a_0^s，由拉格朗日解：

$$\zeta = \max_{a_0} \left\{ r^s (C_0 - 1' a_0) + (r + \mu)' a_0 + \lambda (C_0 - w' a_0) \right\}$$

这里不等式 $\lambda \geq 0$ 和 $w' a_0 - C_0 \leq 0$ 互补，r 为可变现收益，μ 为不可变现收益。

一阶约束条件在资产 $i(a_0^i)$ 投资的初始阶段：

$$-r^s + r^i + \mu^i - 1/v^i - \lambda w^i = 0$$

根据资本约束 $C_0 \geq w' a_0$ 是否有约束力，有两种可能的解：

（1）如果资本约束不具有约束力，则在每个资产到达一定点后投资，即均衡条件为 $r^i - 1/v^i = r^s$，$r^i - 1/v^i$ 表示边际收益，r^s 表示边际融资成本。这里边际收益来自控股资产 a^i 的小幅增长，也就是：

$$r^i = r^s - \mu^i + 1/v^i \tag{5.4}$$

在这种情况下，资本权重对投资组合决策没有影响。

（2）如果约束有效，那么考虑资本约束的影子价格，资金的边际成本必须调整，资本约束加倍风险权重，则：

$$r^i = r^s - \mu^i + 1/v^i + \lambda w^i \tag{5.5}$$

资产 i 的风险权重 w^i 在增加，导致控股资产 i 减少，这种影响的大小依赖于资本约束程度。同样，对资本影子价格也有影响，但这种影响没有明显的标志，可能增加也可能减少其他资产与负债。如果资产需求利率弹性足够大，则所有的影响会降低资本的影子价格，减少其他资产与负债。

根据常规分析，资本权重对短期投资组合决策的影响依赖于金融混业集团资本头寸。如果勉强达到监管要求，则会根据监管资本权重减少这些资产。如果银行资本充足，则权重没有影响。

二、中期投资组合分配与内部资本

中期，当金融混业集团预计可以通过留存收益或新的项目筹集额外资金时，把资金 C_0 视为内生变量就非常合理。金融混业集团的目标变为 $E(C_1) - \rho C_0$。假设 $\rho > r^s$，资产 a^i 在成本为 ρ 的加权混合资本 C（权重为 w^i）和成本为 r^s 的安全资产（权重为 $1 - w^i$）之间进行融资。如果 $\rho = r^s$，金融混业集团可以筹集无限资金并对现金投资，则股东没有成本。监管资本要求没有约束力时对投资组合决策也没有中期影响。由资本 ρ 要求的收益最优化的目标函数为：

$$\zeta = \max_{a,C_0} \left\{ (r^s - \rho)C_0 - r^s 1'a^0 + (r + \mu)'a_0 + \lambda(C_0 - w'a_0) \right\}$$

产生额外的一阶约束条件记作 C_0：

$$r^s - \rho + \lambda = 0$$

由融资边际成本得到均衡条件为：

$$r^i = r^s - \mu^i + 1/v^i + w^i(\rho - r^s) \tag{5.6}$$

因此，中期允许资本调整，更高的资产风险加权导致更低的金融混业集团投资组合资产，但影响规模依赖于权益资本成本和大规模贷款 $(\rho - r^s)$ 之间的差值。

这个公式揭示了在中期金融混业集团投资组合决策和加权平均资本成本分析之间的平行关系。金融混业集团和金融混业集团监管者的"资本"意味着谨慎的权益资本。对非金融公司资本预算，无论是贷款还是权益，都意味着是所有长期融资的来源。如果在莫迪利安尼和米勒的主张之下，假设无摩擦的资本市场可被接受，那么在权益资本成本和大规模借款之间的差值会消失，监管资本权重对投资组合配置就没有影响。[1]

第三节 监管和激励机制模型构建

这部分假设监管者可以直接对金融混业集团资本 C_0 进行事先约束作为激励机制，监管者监控期末净资产 C_1，如果违背资本要求（也就是 $C_1 < \sum w^i a_1^i$），可以直接对股东进行固定的现金责罚 χ。股东收益目标函数为：

$$V = \begin{cases} C_1 & \text{若 } C_1 \geqslant \sum w^i a_1^i \\ C_1 - \chi & \text{若 } C_1 < \sum w^i a_1^i \end{cases} \qquad (5.7)$$

通过最大化 $E(V)$ 进行金融混业集团决策，均衡条件为：

$$E(V) = E(C_1) - \chi F(z)$$

$F(z)$ 是累积分布函数，是 $z = C_1 - \sum w^i a_1^i$ 的自由资本缓冲函数。在期末假定金融混业集团通过实现所有收益的变现避开监管。现在，投资组合决策不再受到约束力，而是依赖于约束力的 F 概率统计和违背资本要求的预期惩罚 χ。

一、短期对投资组合配置的影响

为了研究短期对投资组合配置的影响，回到最初的假设，资本 C_0 仍为外生变量。最大化末期的预期净值，减少预期惩罚，约束条件是：

$$\max_{a_0} \Omega = E(C_1) - \chi F(z)|_{z=0} = r^s(C_0 - 1'a_0) + (r + \mu)'a_0 - \chi F(z)|_{z=0}$$

$$(5.8)$$

$1'$ 表示单位向量，$z = C_1 - w'a_1$ 是末期自由资本的边界，大于最小监管要求，$F(z)$ 是 z 的累积密度函数。在强制资本监管中，这种随机优化在经济和

---

① Modigliani, F., Miller, M. H.. The cost of capital, corporation finance, and the theory of invest-ment [J]. American Economic Review, 1958, 48, pp. 261~297.

金融文献中不如拉格朗日解法易解。需要更为详细的分析，由以下两个推论支持。

推论1：最优政策通常可以完全变现末期资本收益，目标函数为：

$$z = r^s(C_0 - 1'a_0) + (r + \varepsilon + \mu + \theta)'a_0 - w'D(\mu + \theta)a_0 \qquad (5.9)$$

$D(v)$ 表示对角算子，非对角线元素等于0（$d_{i,j \neq i} = 0$），对角线上的系数相对应元素 v（$d_{ii} = v_i$）。

证明：持有末期资产分为可实现的收益（$r + \varepsilon$）（可以在证券市场按照市场价格出售的资产）和不可实现的收益（$\mu + \theta$）（不可以出售的账面资产）。收益的兑现减少 a_1 而对 C_1 没有影响。既然调整的资产权重是非负的（$w \geq 0$），在末期，兑现所有收益的策略将使 z 减到最小，因此使 $F(z)$ 最小。当所有可实现的收益转为现金，$C_1 = r^s(C_0 - 1'a_0) + (r + \varepsilon)'a_0$，其中末期资产向量由 $a_1 = D(\mu + \theta)a_0$ 给定。这就得到方程 z。

推论2：让 $\zeta = (\varepsilon, \theta)$ 为所有影响末期收益的随机向量。累积密度函数 $F(z)$ 在 $z = x$ 的目标函数为：

$$F(z)\mid_{z=x} = \int_{\phi = -\infty}^{x} f(\phi) \int g(\zeta \mid z = \phi) d\zeta d\phi$$

当 $f(z) = \dfrac{\partial F(z)}{\partial z}$ 是 z 的概率密度函数，$g(\zeta \mid z = \phi)$ 是 ζ 的边际密度概率，由 $z = \phi$ 估计。因此：

$$\frac{\partial F(z)}{\partial a_0^i}\bigg|_{z=x} = -f(z)\mid_{z=x} \int \frac{\partial z}{\partial a_0^i}\bigg|_{z=x} g(\zeta \mid z = x) d\zeta = -f(x)E\left\{\frac{\partial z}{\partial a_0^i}\bigg|_{z=x}\right\}$$

$$(5.10)$$

证明：这个推论的第一个方程源于边际密度的定义。因为 $\dfrac{\partial z}{\partial a_0}$ 是 ζ 的函数，那么 $\dfrac{\partial F(z)}{\partial a_0}$ 的估计要求 $\dfrac{\partial z}{\partial a_0}$ 的份额可由积分 $d\zeta$ 计算。

在等式（5.8）中最大化一阶约束条件，用投资 a_0^i 表示：

$$-r^s + r^i + \mu^i - \frac{1}{v^i} - \chi \frac{\partial F(z)\mid_{z=0}}{\partial a_0^i} = 0 \qquad (5.11)$$

区别于等式（5.9）有：

$$\frac{\partial z}{\partial a_0^i} = -r^s + r^i - \frac{1}{v^i} + \varepsilon^i + (1 - w^i)(\mu^i + \theta^i)$$

把公式（5.10）代入公式（5.11）得到均衡条件：

$$-r^s + r^i + \mu^i - 1/v^i + \chi f(0)E[-r^s + r^i - 1/v^i + \varepsilon^i + (1 - w^i)(\mu^i + \theta^i)\mid_{z=0}]$$

可以写为（因为 r^s，r^i，v^i 和 μ^i 是非随机的）：

$$-r^s + r^i + \mu^i - 1/v^i + \chi f(0)\left\{-r^s + r^i - 1/v^i + (1 - w^i)\mu^i + E\{\varepsilon^i + (1 - w^i)\theta^i\mid_{z=0}\}\right\} = 0$$

反过来，根据违约事件（$z=0$）的估计概率密度 $f(z)$，资产 i 的必要收益率可以表示为：

$$r^i = r^s - \mu^i + 1/v^i + \frac{\chi f(0)}{1 + \chi f(0)}\left[w^i\mu^i - E(\varepsilon^i + (1 - w^i)\theta^i)\mid_{z=0}\right]$$

$$(5.12)$$

这个等式表明：

1. 关于强约束的资本监管，这种影响取决于资本化水平

然而，由于替代了两种极端情况（有效约束和无效约束），两种结果不断更替。在这些结果中，根据违约资本边际概率 $f(0)$ 的大小，有三种情况效果不同。

（1）如果资金有效资本化或有较强的流动现金，则 $f(0)$ 非常小，风险加权对投资组合决策没有什么影响。

（2）如果金融混业集团缺少资金并且有较少的现金流，违背资本监管要求的可能性会相当高，对金融混业集团投资组合决策也会有很强的依赖性。$f(0)$ 很大，且风险加权对金融混业集团投资决策有很大的影响。

（3）在金融混业集团倒闭的极端情况下，不管投资组合如何，金融混业集团都不可能避免违背资本监管，因此，$f(0)$ 仍然很小，权重对投资组合几乎没有影响。

2. 只要资产 i 收益不可变现（$\mu^i > 0$），则风险权重就会影响资产 i 的投资组合决策

监管风险权重对流动性和变现资产不会产生障碍，这是因为在很难满足监管资本约束下，可以轻易售出。在监管审计下，风险权重监管仅仅惩罚那些不可轻易变现的流动资产。

传统观念认为1988年巴塞尔风险加权歪曲了投资组合分布，认为其由高定额的公司负债（权重为100%）转变为OECD的政府负债（权重为0）。但信贷额度或贷款额度对这样高定额的企业可以轻易变现（比如通过更新设备、销售贷款或资产证券化）。在将来某个时点，若金融混业集团违背最小监管资本要求，就会减少大额信贷的知名公司价值，而转向持有OECD的政府债券。投资组合再调整的这种灵活性意味着，对大额信贷的知名企业贷款不受监管风险权重的影响。只有当投资组合再调整相对昂贵或不可行，比如

对小规模或中等规模公司贷款，兼管风险权重才会影响投资组合决策。

3. 对资产 i 的投资决策不只是依赖于资产（r^i, μ^i）的预期收益，而且依赖于银行全部投资组合的收益分布

具体而言，如果在违背监管资本约束（$E[\varepsilon^i + (1 - w^i)\theta^i |_{z=0}] \ll 0$）时，在相对收益较低的情况下资产也不具备吸引力。这是引诱风险厌恶的一种形式，与监管风险权重分离开来，它依赖于金融混业集团整个投资组合和资产 i 的收益之间的协方差。最后 $w^i \ll 1$，对投资组合决策只有较小的影响。以上研究与 Froot 和斯坦的发现类似，即认为增加外部资本的成本会导致金融混业集团资本预算决策的额外风险厌恶。[①]

4. 最后一条是自我约束形式

即使没有资产特定的风险权重（$w^i = w$ 对于所有资产）金融混业集团仍然受到激励避开资产投资，那很有可能触发违背资本监管要求。这种激励机制的力度依赖于惩罚 χ 的大小、资本化及银行作用于 $f(0)$ 的预期收益。

二、中期投资组合配置影响

从中期投资组合看，并以激励机制的方式对资本监管进行分析。将资本视为内生变量。资本 C_0 在时期 0 时增加，直到违背资本监管的边际预期成本 $[-\chi \partial F/\partial C_0 = \chi f(0)r^s]$ 等于替代债务融资权益的边际融资成本。均衡条件为：

$$\chi f(0)r^s = \rho - r^s \tag{5.13}$$

优化的目标函数为：

$$\max_{a_0, C_0} \Omega = (r^s - \rho)C_0 - r^s l' a_0 + (r + \mu)' a_0 - \chi F(z)|_{z=0}$$

由于 $\dfrac{\partial z}{\partial C_0} = r^s$ 额外一阶约束条件记作初始资本 C_0 等级，则：

$$r^s - \rho + \chi f(0)r^s = 0$$

在一阶条件中记作 a_0^i 替代 $\chi f(0)$，则一阶约束条件代表资产 i 的必要收益率为：

$$r^i = r^s - \mu^i + 1/v^i + \frac{\rho - r^s}{\rho}\left\{w^i \mu^i - E[\varepsilon^i + (1 - w^i)\theta^i]|_{z=0}\right\} \tag{5.14}$$

前面得出的结论依然有效。监管风险权重只是在一定程度上影响投资组合决策，资产收益是不可变现的。金融混业集团仍然有激励作用，独立于监

---

① Froot, K., Stein, J.. A new approach to capital budgeting for nancial institutions [J]. Journal Financial Economics, 1998, 47, pp. 55～82.

管风险权重的运营，以减少可能违约的资产。现在改变的是，中期资本监管对投资组合决策的影响依赖于贷款成本与权益融资（$\rho - r'$）之间的差值，而不再依赖于违背资本监管 χ 的惩罚力度。这是因为金融混业集团增加了资本化，就会减少资本违约的预期未来成本。

本章小结

本章目的是研究资本监管对金融混业集团投资组合选择的激励作用。在这里假设资本要求事后监管，在发生违约事件时对银行股东进行惩罚。这种观点与传统的观点相抵触，传统观点认为金融混业集团资本监管是事先约束，认为金融混业集团不是乐观预期者，不能平衡借款收益与监管成本之间的差距。金融混业集团在制定投资组合决策时就必须遵循资本监管。

金融混业集团资本监管从对资本监管要求的投资组合反应来引入激励作用。

（1）金融混业集团投资组合风险加权影响依赖资产净值和其预期盈利能力。

（2）通过激励机制解释风险加权资本对投资组合配置的影响取决于资产流动性。在一定程度上，资产可以在流动市场买卖，投资组合选择不受资本要求的影响。在资产净值下降到有违背监管资本要求的危险时，金融混业集团可以容易售出这些资产头寸。

（3）对违背资本监管的制裁威胁引诱风险的逆向选择。这种影响不需要准确的信用或市场风险衡量——甚至粗糙的无权重的资本要求也会导致金融混业集团减少投资组合风险。

（4）监管者在违背资本监管要求时通过增大对管理和股东的惩罚力度。在考虑金融混业集团中的审慎风险等级时对此做出反应。更大范围的制裁不只惩罚金融混业集团，潜在的制裁包括减少管理层薪水或要求新的权益条款，这些会分散现存股东的利益。施加惩罚是有限的，最后由金融混业集团的特殊价值决定。在中期，这将增加用于减少投资组合风险的激励，导致增强金融混业集团资本化。

（5）资产证券化可能有偏好地对冲资本监管要求对破产风险的影响。但最有效的针对监管资本套利问题的监管是限制金融混业集团权力，对证券化特殊用途工具进行初级索赔而非微调证券风险资本监管。

（6）金融混业集团从业者经常把监管资本解释为具有约束力的。把资本监管激励机制模型化，表明这个程序偏好于金融混业集团决策而远离相对低的风险活动。更好的业绩衡量方法是调整风险资本，进而减少破产概率及远期违背资本监管要求的概率，这个监管要求机构有令人满意的最低限额。

通过简单普通的关于激励机制观点的讨论，可以为谨慎监管的设计得出结论。资本监管两种对比观点的差异比监管干预的时效性（事前与事后）有了更进一步的深化。基本问题是监管者或银行管理是否能对银行风险详尽管理承担主要职责。

即使监管者充分理解金融混业集团的风险情况，并且不清楚能否使谨慎资本要求调整为适合风险情况。从激励角度分析，加权风险资本要求是一个双重危险：惩罚持有风险和流动资产超过两次，一次通过违背资本监管要求而增加的风险，另一次通过衡量体系本身。

通过模型研究发现，如果有较强的流动现金，则违约资本边际概率非常小，风险加权对投资组合决策没有什么影响；如果金融混业集团有较少的现金流，违背资本监管要求的可能性相当高，违约资本边际概率很大，风险加权对金融混业集团投资决策有很大的影响；在金融混业集团倒闭的极端情况下，不管投资组合如何，金融混业集团都不可能避免违背资本监管，违约资本边际概率仍然很小，权重对投资组合几乎没有影响。

第六章　资本监管、市场约束与风险互动机制

　　新的巴塞尔协议框架包括三大支柱：一是对银行提出了最低资本要求，即最低资本充足率达到8%；二是加大对银行监管的力度，监管者通过监测决定银行内部能否合理运行，并对其提出改进的方案；三是对银行实行更严格的市场约束。《新协议》首次将三大支柱结合在一起代表了当今资本监管的发展趋势，标志着以指标为核心的数量型监管模式正在逐步向以风险管理为核心的质量监管模式过渡。本章将从理论上研究资本监管与巴塞尔协议三大支柱之间的关系及其风险。

第一节　资本监管与市场约束

一、引言

　　福隆（Furlong）和凯丽（Keeley）、金（Kim）和桑托姆罗（Santomero）、凯恩（Koehn）和桑托姆罗（Santomero），罗切特（Rochet）（1992），赛克（Thakor）认为，银行资产分配是由资产风险的市场评估和相应的巴塞尔协议规定决定的。①②③④⑤

---

①　Furlong, F. and N. Keeley. A Reexamination of Mean-Variance Analysis of Bank Capital Regulation [J]. Journal of Banking and Finance, 1990, pp. 69~84.

②　Kim, D. and A. M. Santomero. Risk in Banking and Capital Regulation [J]. Journal of Finance, 1988, 43, pp. 1219~1233.

③　Koehn, M. and A. Santomero . Regulation of Bank Capital and Portfolio Risk [J]. Journal of Finance, 1980, 35, p. 1235~1244.

④　Rochet, J. C.. Capital Requirements and the Behaviour of Commercial Banks [R]. European Economic Review, 1992, 43, pp. 981~990.

⑤　Thakor, A. V.. Capital Requirements, Monetary Policy, and Aggregate Bank Lending [J]. Journal of Finance, 1996, 51 (1), pp. 279~324.

大量的实证文献〔如伯纳克（Bernanke）和洛恩（Lown）、赛克（Thakor）、杰克逊（Jackson）等〕试图将理论论据联系实际。①②③ 皮克（Peek）和罗森格伦（Rosengren）发现即使银行控制其资本比率，监管增加仍然会对银行贷款决策产生影响。④ 百隆（Blum）和黑尔维希（Hellwig）分析了银行资本监管的宏观经济含义。⑤ 这些学者认可银行资本和商业贷款之间的正相关关系，但这种因果关系只能在动态框架中检验。百隆（Blum）首先在更严格的资本要求条件下分析，指出更严格的资本要求导致银行增加风险，而这些银行预期在将来难以满足这些资本要求。⑥

汉考克（Hancock）等利用向量自回归框架对美国银行资本冲击的动态反应进行研究。他指出美国银行调整资本比率比调整贷款投资组合要快。⑦ Furfine 对其界限进行拓展，建立银行行为的动态结构模型，校准来自美国银行 1990 ~ 1997 年的面板数据。他指出信用紧缩不能由需求效应解释，而应该由提高资本要求或增加监管控制来解释。他用到校准模型模拟巴塞尔协议 II 效应，指出这种执行力不会引发次级信贷紧缩，假定当执行巴塞尔协议 II 时，优质的商业贷款的平均风险权重会减少。

利兰（Leland）和托佛特（Toft）研究最优资本结构，运用贷款来平衡税收利润和破产成本。他们考虑有限期 T 的息票债券，对利兰（Leland）结论进行拓展，维持简单的静态贷款结构假设，即在利率 $m = \dfrac{1}{T}$ 时，贷款可以浮动。利兰（Leland）和 Toft 得出负债和所有者权益价值的封闭形公式，

---

① Bernanke, B. and C. Lown . The Credit Crunch 〔R〕. Brookings Papers on Economic Activity, 1991, 2, pp. 205 ~ 247.

② Thakor, A. V.. Capital Requirements, Monetary Policy, and Aggregate Bank Lending 〔J〕. Journal of Finance, 1996, 51（1）, pp. 279 ~ 324.

③ Jackson, P., C. Furfine, H. Groeneveld, D. Hancock, D. Jones, W. Perraudin, L. Redecki and N. Yoneyama. Capital Requirements and Bank Behaviour: The Impact of the Basel Accord, Basel Committee on Bank Supervision 〔R〕. 1999, Working Paper 1.

④ Peek, J. and E. Rosengren. Bank Capital Regulation and the Credit Crunch 〔J〕. Journal of Banking and Finance, 1995, 19, pp. 679 ~ 692.

⑤ Hellwig, M. . Banks, Markets, and the Allocation of Risk 〔J〕. Journal of Institutional and Theoretical Economics, 1998, 154, pp. 328 ~ 345.

⑥ Blum, J. . Do Capital Adequacy Requirements Reduce Risks in Banking? 〔J〕. Journal of Banking and Finance, 1999, 23, pp. 755 ~ 771.

⑦ Hancock, D. , A. J. Laing and J. A. Wilcox. Bank Capital Shocks: Dynamic Effects and Securities, Loans, and Capital 〔J〕. Journal of Banking and Finance, 1995, 19, pp. 661 ~ 677.

但很复杂。另外，他们用数字模拟，指出在 T→0 风险转移会消失，这与机构短期贷款允许管理者自律一致。①

艾瑞克森（Ericsson）和利兰（Leland）研究最优资本结构，但主要考虑资产替代问题，公司可以改变资产价值的易失性。他们指出负债结构如何影响公司资产选择。他们都考虑永久贷款，但 Ericsson 引入约束性工具——可浮动利率。②③

米勒 – 巴罗（Mella – Barral）和佩洛汀（Perraudin）描述资本结构对放弃决策的结果是他们投资不足（也就是过早放弃），这源于受益者必须注入资金以保持持续关注。④ 同样，莫尔（Mauer）和奥特（Ott）通过杠杆式公司的所有者权益考虑投资增长选择，提出投资不足的结果。⑤ 这些观点都有贷款的持续时间版本，这个悬而未决的问题首先由梅尔斯（Myers）提出：权益所有者注入新的资金对债务者的惩罚有正的外部性，维持（或扩张）决策不是最优的，因为权益所有者主观上不能决定效应。⑥ 安德森（Anderson），桑德瑞森（Sundaresan）和米勒 – 巴罗（Mella – Barral）从这个方面研究所有者权益和债务者之间重新谈判的影响，考虑了策略违约的可能性。⑦⑧

另一个流派的观点，如默顿（Merton）首先用扩散模型研究商业银行行为。他计算存款保险的公平价格，监管者有成本的审计。⑨ 佛瑞斯（Fries）

① Leland, H. and K. B. Toft. Optimal Capital Structure, Endogenous Bankruptcy, and the Term Structure of Credit Spreads [J]. Journal of Finance, 1996, 51 (3), pp. 987 ~ 1019.

② Ericsson, J.. Asset Substitution, Debt Pricing, Optimal Leverage and Maturity, Finance, 2000, 21 (2), pp. 39 ~ 70.

③ Leland, H. Agency cost, risk management and capital structure, Journal of Finance [M]. 1998, 53, pp. 1213 ~ 1243.

④ Fries, S., P. Mella-Barral, and W. Perraudin. Optimal Bank Reorganisation and the Fair Pricing of Deposit Guarantees [J]. Journal of Banking and Finance, 1997, 21, pp. 441 ~ 468.

⑤ Mauer, D. C and S. H. Ott, Agency costs, Underinvestment, and Optimal Capital Structure: The effect of Growth Options to Expand, in M. J. Brennan and L. Trigeorgis (eds), Innovation, Infrastructure and Strategic Options [M]. 1999, London: Oxford University Press.

⑥ Myers, S.. Determinants of Corporate Borrowing [J]. Journal of Financial Economics, 1977, 5, pp. 147 ~ 175.

⑦ Anderson, R. and S. Sundaresan. Design and Valuation of Debt Contracts [J]. Review of Financial Studies, 1996, 9, pp. 37 ~ 68.

⑧ Mella-Barral P., The dynamics of Default and Debt Reorganization [J]. Review of Financial Studies, 1999, 12 (3), pp. 535 ~ 579.

⑨ Merton, R. C., On the Pricing of Corporate Debt: The Risk Structure of Interest Rates [J]. Journal of Finance, 1974, 29, pp. 449 ~ 469.

等拓展了默顿（Merton）的框架，引入存款的提取风险。他们研究了银行倒闭的监管政策对存款保险公平定价的影响。最优倒闭策略必须平衡监管成本和破产成本。在某种特定的情况下，如果权益所有者决定倒闭（投资不足的结果）时，监管者可能会让银行继续经营。①

利兰（Leland），巴特查亚（Bhattacharya）等引入倒闭策略，银行可以暂时依其进行风险选择，然后他们研究了银行监管者两种政策工具之间的互补性：资本要求水平和监管力度。②③ 同样的道理，丹格勒（Dangl）和李哈（Lehar）混合随机审计，④ 巴特查亚（Bhattacharya）等转换风险，⑤ 利兰（Leland）比较巴塞尔协议和 VaR 监管的效率。⑥ 他们指出 VaR 监管对于阻止境况不佳银行的风险转移的审计成本较小。

凯勒姆（Calem）和罗布（Rob）提出投资组合决策的动态离散模型，分析完全审计假设下基于奖励的资本影响，指出监管可能达不到预期效果：松的资本监管可能导致银行投资组合的风险增加，同样，基于奖励的资本可能会导致银行过大的风险，然而，资本要求足够严格时是不会增加风险的。⑦

弗路特（Froot）和斯迪（Stein）模型化银行资本的缓冲作用，以吸收流动性风险。当没有审计或存款保险时，他们通过最大化银行价值决定资本结构。⑧ 米尔恩（Milne）和华里（Whalley）研究发现银行可以无限发行存款补助融资，以满足流动性需要。社会成本在监管倒闭危险下是有限的。米尔恩（Milne）和华里（Whalley）研究两个监管工具的清晰度：有成本的审计程度和资本要求水平。他们通常考虑银行重新资本化的可能性。他们指出银行最优决策有额外的资本（超出监管最低水平），用来缓冲未来偿付能力的冲击，

① Fries, S., P. Mella-Barral, and W. Perraudin. Optimal Bank Reorganisation and the Fair Pricing of Deposit Guarantees [J]. Journal of Banking and Finance, 1997, 21, pp. 441~468.

② Leland, H., Risky Debt, Bond Covenants and Optimal Capital Structure [J]. Journal of Finance, 1994, 49, pp. 1213~1252.

③⑤ Bhattacharya, S., M. Plank, G. Strobl and J. Zechner. Bank Capital Regulation with Random Audits [R]. FMG discussion paper 354, LSE, London, UK, 2000.

④ Dangl, T. and Lehar A., Basle Accord vs Value-at-Risk Regulation in Banking [R]. discussion paper, Department of Business Studies, University of Vienna, 2001, Vienna, Austria.

⑥ Leland, H. Agency cost, risk management and capital structure, Journal of Finance [M]. 1998, 53, pp. 1213~1243.

⑦ Calem, P. S. and Rob, R., The impact of capital-based regulation on bank risk-taking: a dynamic model [M]. Federal Reserve Board Finance and Economics Discussion Series, 1996, pp. 96~112.

⑧ Froot, K. and Stein, J., A New Approach to Capital Budgeting for Financial Institutions [J]. Journal of Financial Economics, 1998, 47, pp. 55~82.

这个缓冲减弱了偿付能力要求的影响。[1]

本章的目标是设计易于处理的金融混业集团主导下银行的动态模型，用以分析巴塞尔协议Ⅱ的三个支柱之间的准确关系。

二、模型构建

依据布莱克（Black）、考克斯（Cox）[2] 和利兰（Leland）[3] 的模型，假定贴现率 $r > \mu$，μ 为资本充足率，σ 为其标准差，设金融混业集团附属银行资产价值为 x，则传播过程为：

$$\frac{dx}{x} = \mu dt + \sigma dW \tag{6.1}$$

假定所有的代理商都是风险中立者。

首先，明确引入金融混业集团附属银行一个实际的经济职能：方程（6.1）只有在金融混业集团附属银行监控其资产的条件下才能满足。监控在每单位时间内有一个固定费用，相当于持续的货币流出 B。如果监控成本也是可变分量，可以从 μ 提出。在缺乏监控的情况下，资产价值反而可以满足约束条件：

$$\frac{dx}{x} = \mu_B dt + \sigma_B dW \tag{6.2}$$

这里 B 代表"坏"技术，并且 $\mu_B = \mu - \Delta\mu \leq \mu$，$\sigma_B^2 = \sigma^2 + \Delta\sigma^2 \geq \sigma^2$。

其次，金融混业集团附属银行资产的预期净现值不为零。杰诺特（Genotte）和派尔（Pyle）第一个分析框架中的资本监管，有明确的监管职能并有正的 NPV 贷款。[4] 在某种程度上，本章可视为动态版的杰诺特（Genotte）和派尔（Pyle）。这说明金融混业集团附属银行资产如果没有交易市场并不完善。在一个完善的市场框架下，可以通过基于风险的存款保险制度解决道德风险问题，于是资本监管变得多余。这消除了莫迪利安尼（Modi-

① Milne, A. and A. E. Whalley . Bank Capital Regulation and Incentives for Risk-Taking [R]. Discussion paper, City University Business School, 2001, London, UK.

② Black, F. and J. C. Cox. Valuing Risky Debt: Some Impact of Bond Covenants [J]. Journal of Finance,1976, 31, pp. 351~368.

③ Leland, H. , Risky Debt, Bond Covenants and Optimal Capital Structure [J]. Journal of Finance, 1994, 49, pp. 1213~1252.

④ Gennotte, G. and D. Pyle. Capital Controls and Bank Risk [J]. Journal of Banking and Finance, 1991, 15, pp. 805~824.

gliani) 和米勒（Miller）[①] 悖论，而不需诉诸税收或政府津贴。假设：

$$\mu + \beta > r > \mu_B + \beta \qquad (6.3)$$

这里 $\beta > 0$ 是金融混业集团附属银行资产支出率。结果是倒闭总是主导着"坏"技术：

$$E_{x0}\left[\int_0^{+\infty} e^{-rt}\beta x_t dt \mid 坏技术\right] = \frac{\beta x_0}{r - \mu_B} < x_0$$

另外，金融混业集团附属银行持续监管其资产，净现值为：

$$E_{x0}\left[\int_0^{+\infty} e^{-rt}(\beta x_t - b) \mid 好技术\right] = \frac{\beta x_0}{r - \mu} - \frac{b}{r}$$

所以，当 x_0 较大时，好技术主导倒闭：

当 $v_G = \dfrac{\beta}{r - \mu} - 1 > 0$，有 $\dfrac{\beta x_0}{r - \mu} - \dfrac{b}{r} > x_0 \Leftrightarrow x_0 > \dfrac{b}{rv_G}$

类推有：$v_B = \dfrac{\beta}{r - \mu_B} - 1 < 0$。

注意：模型中的道德风险包含经典风险转移问题（$b = \Delta\mu = 0$）和第一个随机主导的纯效应问题（$\Delta\sigma^2 = 0$）。

在缺乏倒闭最低界限的限制下（即假设金融混业集团附属银行不会倒闭），由"好"的技术和"坏"的技术产生的经济盈余，如图 6.1 所示。

当 x 大于 NPV 最低界限 $\dfrac{b}{rv_G}$ 时，"好"的技术产生的经济盈余为正，而"坏"的技术带来的经济盈余为负。现在引进一个倒闭决策，它由清算界限 x_L 确定。

假设金融混业集团附属银行总是监控资产，其持续价值 $V_G(x)$ 由清算界限 x_L 决定，这低于金融混业集团附属银行倒闭时的价值：

$$x + V_G(x) = E_x\left[\int_0^{\tau L} e^{-rt}(\beta x_t - b)dt + e^{-r\tau L}x_L\right] \qquad (6.4)$$

这里 τ_L 是一个随机变量（停止时间），设为第一时刻，根据方程（6.1），x_t 等于 x_L，给定 $x_0 = x$。

用标准公式，得均衡条件：

$$V_G(x) = v_G x - \frac{b}{r} + \left(\frac{b}{r} - v_G x_L\right)\left(\frac{x}{x_L}\right)^{1-a_G} \qquad (6.5)$$

---

① 根据莫迪利安尼（Modigliani）和米勒（Miller）（1958）的理论，在无交易成本等一系列严格假定条件下，企业的投资决策仅取决于项目的净现值，与融资结构无关。

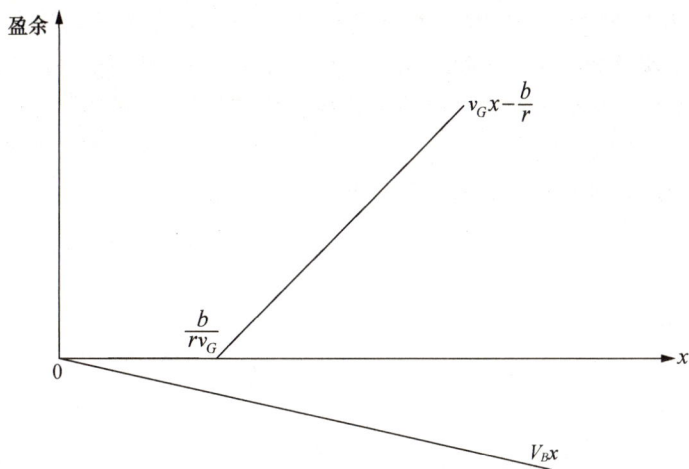

图 6.1　"好"技术和"坏"技术产生的经济盈余

此时：

$$a_G = \frac{1}{2} + \frac{\mu}{\sigma^2} + \sqrt{\left(\frac{\mu}{\sigma^2} - \frac{1}{2}\right)^2 + \frac{2r}{\sigma^2}} > 1 \qquad (6.6)$$

金融混业集团附属银行持续价值等于永续净现值（$v_G x - \frac{b}{r}$）加上期权价值，这与最低界限 x_L 下无法挽回的倒闭决策有关。有趣的是这个期权价值与 x^{1-a_G} 成比例，因此，x_L 的最大值不取决于 x，即：

$$x_{FB} = \frac{b}{v_G r} \frac{a_G - 1}{a_G} \qquad (6.7)$$

命题 1：第一最优金融混业集团附属银行倒闭界限为 x_L，也就是最大化期权价值，与不可撤回的倒闭决策紧密相关。这个值等于 $x_{FB} = \frac{b}{v_G r} \frac{a_G - 1}{a_G}$。它小于 NPV 最低界限 $\frac{b}{v_G r}$。

金融混业集团附属银行持续价值是 x 的函数，对于不同的 x_L 如图 6.2 所示。

金融混业集团下附属银行的第二个特征是存款筹资：金融混业集团附属银行的大部分债务是由存款保险组成的，全部规格化。为简单起见，假定都是长期存款，这样方便引入提取存款频率。假设这些存款是金融混业集团附属银行外部融资的唯一来源，而且发行债券的代价令人望而却步。Bhatta-charya et al 假设金融混业集团附属银行发行新股票不需花费成本。在这种情况下，倒闭最低界限由股东来选择最大化权益价值。[1] 在没有政府公共干预下，金融混业集团附属银行的资产现金流 βx 不足以支付存款利息 r，金融混业集团附属银行就会进行清算。清算的最低界限为：

$$x_L = \frac{r}{\beta} \tag{6.8}$$

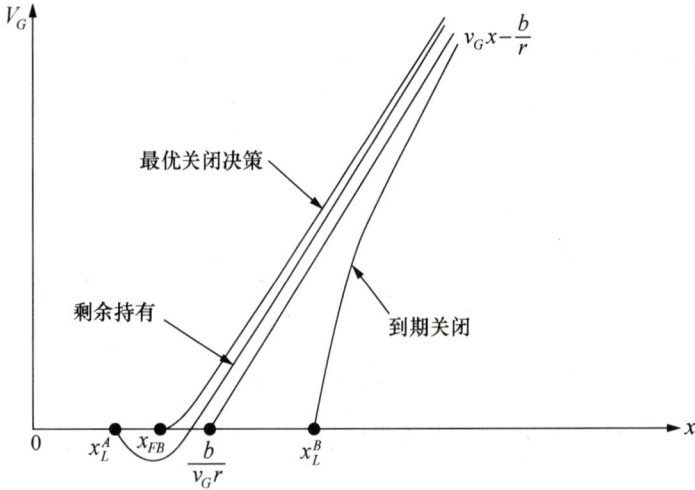

图 6.2　不同倒闭界限下的金融混业集团附属银行可持续价值

注：x_L^A 对应于额外持续 $[\,V_G'(x_L^A) < 0\,]$，x_L^B 对应于提前倒闭 $[\,V_G'(x_L^B) > 0\,]$，x_{FB} 对应于最优界限 $[\,V_G'(x_{FB}) = 0\,]$，$\frac{b}{v_G r}$ 对应于正的 NPV 最低界限。

假设存款面值小于 1。结果是存款 $D(x)$ 的 NPV 比面值 1 小，差额对应于存款保险基金负债。金融混业集团附属银行最初保险额为 $1 - D(x_0)$，负债在其中。引入持续时间的流动金额，[2] 存款 NPV 计算为：

$$D_G(x) = 1 - (1 - x_L)\left(\frac{x}{x_L}\right)^{1 - a_G} \tag{6.9}$$

① Bhattacharya, S., M. Plank, G. Strobl and J. Zechner. Bank Capital Regulation with Random Audits [R]. FMG discussion paper 354, LSE, London, UK, 2000.

② Dreyfus, S. E., and A. M. Law. The Art and Theory of Dynamic Programming [R]. New York: Academic Press, 1997.

导出权益价值：

$$E_G(x) = x + V_G(x) - D_G(x)$$

或者：

$$E_G(x) = (1 + v_G)x - \frac{b}{r} - 1 + \left[\frac{b}{r} + 1 - (1 + v_G)x_L\right]\left(\frac{x}{x_L}\right)^{1-a_G} \quad (6.10)$$

反之，如果金融混业集团附属银行停止对资产监控，将上述公式作一个简单的替换（v_B 替换 v_G 并且把 b 设为零），权益价值的目标函数变为：

$$E_B(x) = (1 + v_B)x - 1 + \left[1 - (1 + v_B)x_L\right]\left(\frac{x}{x_L}\right)^{1-a_B} \quad (6.11)$$

这里，

$$a_B = \frac{1}{2} + \frac{\mu_B}{\sigma_B^2} + \sqrt{\left(\frac{\mu_B}{\sigma_B^2} - \frac{1}{2}\right)^2 + \frac{2r}{\sigma_B^2}} \quad (6.12)$$

通过比较这两个公式的权益价值，大体上可以看出在 x 的特定区间 (x_L, x_S)，$E_B(x) > E_G(x)$，如图 6.3 所示。

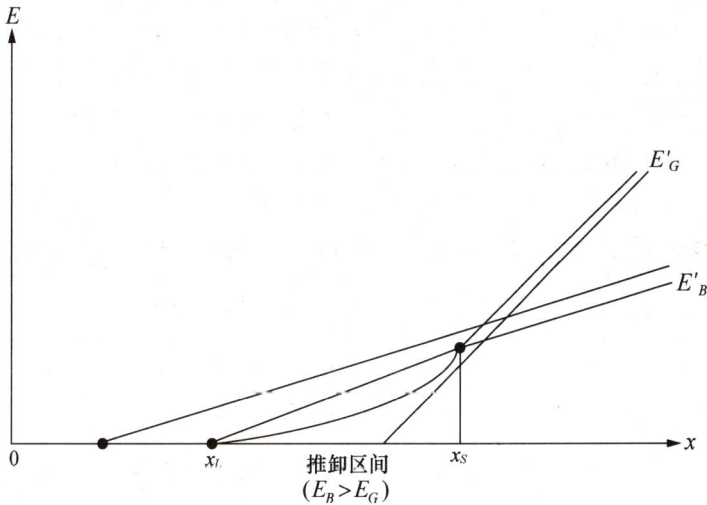

图 6.3　"好" 技术和 "坏" 技术下的权益价值比较

三、资本监管的局限

图 6.3 说明了模型中施加资本要求的基本原因：在没有外部干涉的情况下，只要 $E'_G(x_L) < E'_B(x_L)$，就会有一个区间 (x_L, x_S)，金融混业集团附属

银行逃避监管（也就是选择"坏"的技术），从而减少社会福利，最终导致破产，而这个代价由存款保险基金 DIF 承担。为了避免金融混业集团附属银行逃避，银行业权威机构（中央银行、银监会或 DIF 本身）设定一个监管倒闭最低界限 x_R（解释为最小资本监管），低于银行倒闭标准。当监管成本相当大时，x_R 大于存款面值（规定为 1），存款则没有风险。在这种情况下，金融混业集团附属银行股东的动机由于有限责任选择而没有歪曲：当 x 达到最优界限 x_{FB} 且道德风险没有约束时（也就是 $x_{FB} > x^R$），他们最优选择关闭金融混业集团附属银行。更现实的配置为：

$$b < b^* = \frac{ra_G v_G}{a_G - 1}\left[\frac{a_G - a_B}{a_G(1 + v_G) - a_B(1 + v_B)}\right]$$

此时，$x_{FB} < x_R < 1$，x_R 由最小值 x_L 定义，这样 $E_G(x) \geq E_B(x)$，x_R 代替 x_L，见公式（6.9）和公式（6.10）。

命题 2：当 $b < b^*$ 时，最优金融混业集团附属银行倒闭界限是清算最低界限最小值 x_R，这样逃避行为消失。目标函数表达式为：

$$x_B = \frac{(a_G - 1)\dfrac{b}{r} + a_G - a_B}{a_G(1 + v_G) - a_B(1 + v_B)} \qquad (6.13)$$

证明：当 $E_G(x_R) = E_B(x_R) = 0$ 时，消除逃避行为的约束条件为 $E'_G(x_R) \geq E'_B(x_R)$。最小值 x_R 满足不等式，并由 $\Delta(x_R) = 0$ 明确均衡条件：

$$\Delta(x_R) = x_R[E'_G(x_R) - E'_B(x_R)]$$

但是，由公式（6.10）和公式（6.11）（其中 x_R 代替 x_L）推出：

$$x_R E'_G(x_R) = (1 + v_G)x_R + (a_G - 1)\left[(1 + v_G)x_R - 1 - \frac{b}{r}\right]$$

$$x_R E'_B(x_R) = (1 + v_B)x_R + (a_B - 1)[(1 + v_B)x_R - 1]$$

因此：

$$\Delta = [a_G(1 + v_G) - a_B(1 + v_B)]x_R - \left[(a_G - 1)\frac{b}{r} + a_G - a_B\right]$$

得出公式（6.12），可以证明：

$$\varphi(x) \xrightarrow{def} (E_G - E_B)(x)$$

实际上，在公式（6.12）中给出 x_R，则上式对于任意 x 都为非负。简单计算为：

$$x\varphi'(x) = (v_G - v_B) - (a_G - 1)\left[1 + \frac{b}{r} - (1 + v_G)x_R\right]\left(\frac{x}{x_B}\right)^{1-a_G} +$$

$$(a_B - 1)\left[1 - (1 + v_B)x_R\right]\left(\frac{x}{x_R}\right)^{1 - a_B}$$

和

$$x^2\varphi''(x) = a_G(a_G - 1)\left[1 + \frac{b}{r} - (1 + v_G)x_R\right]\left(\frac{x}{x_R}\right)^{1 - a_G} -$$

$$a_B(a_B - 1)\{1 - (1 + v_B)x_R\}\left(\frac{x}{x_R}\right)^{1 - a_B}$$

或

$$x^2\varphi''(x) = \left(\frac{x}{x_R}\right)^{1 - a_G}\left[a_G(a_G - 1)\left\{1 + \frac{b}{r} - (1 + v_G)x_R\right\} - a_B(a_B - 1)\{1 - (1 + v_B)x_R\}\left(\frac{x}{x_R}\right)^{a_G - a_B}\right]$$

由 $b < b*$ 得 $x_{FB} < x_R < 1$，所以有 $\{1 - (1 + v_B)x_R\} > 0$。此外，$\varphi'(x_R) = 0$ 且 $a_B > 1$ 可以推得：

$$(a_G - 1)\left(1 + \frac{b}{r} - (1 + v_G)x_R\right) > (a_B - 1)\{1 - (1 + v_B)x_R\} > 0$$

因此，当 x 很小时，$\varphi''(x)$ 为正；x 很大时，$\varphi''(x)$ 为负，这说明 $\varphi'(x)$ 是单峰的。给出：

$$\lim_{x \to +\infty} \varphi'(x) = v_G - v_B > 0$$

可以得出 φ 在 $[x_R, +\infty]$ 增大，因而总是大于 $\varphi(x_R) = 0$，既而完成命题 2 的证明。

根据相关的参数，可以得到 $x_{FB} < x_L < x_R$，这表明金融混业集团附属银行业当局所面临的两难境地：需要对其监管，因为金融混业集团附属银行投资不足就会逃避（由于 $x_L < x_R$），如果 $x_L > x_R$，银行业当局在 $[x_R, x_L]$ 提供支援。投资不足只有在 $x_L = x_R$ 时最优，当然这种情况不大可能。但假定金融混业集团附属银行事后持续价值（从社会福利的角度看）为正（因为 $x_R > x_{FB}$），倒闭就不可信了。当 $[x_{FB}, x_R]$ 事先最优政策为关闭金融混业集团附属银行，但从事后的角度看，最好是通过注入税收资金调整资本额（至少没有财政扭曲）。现在可以看到市场规律如何作用而改变银行当局面临的两难境地。当 $x_R > x_{FB}$ 时，金融混业集团附属银行过度增长值为正。

四、市场约束

市场约束有效的原因如下：为监管者提供可使用的额外信息。比如 a la Merton 和 Bhattacharya et al 建立实例，x_t 只能昂贵而不完善地审计，结果是金融混业集团附属银行在 $[x_L, x_R]$ 继续运营的概率为正（因为金融混业集团附属银行监管者未发现）。[1][2] 如果逃避可以阻止，则会有更严格的资本监管要求（也就是更高的 x_R），这就解释了审计的不完善性（巴特查亚等）。[3] 在这样一个环境下，金融混业集团附属银行必须发行有价证券（称为后偿债项），这种有价证券的支付取决于 x_t，可在金融市场上买卖，间接地显示出 x_t 的价值并免除监管者昂贵的审计费用。当然，如果金融混业集团附属银行股权已经卖出，这种优势就会消失，问题则变为技术性：有价证券的定价揭示更多金融混业集团附属银行资产价值的信息。

本章聚焦于市场约束与金融混业集团附属银行监管之间的清晰度与本章相关的是市场约束对监管者干预界限和对可信度的影响。

在模型中引入市场约束，假定金融混业集团附属银行要求发行一系列后偿债项 s，以频率 m 进行更新，s 和 m 是监管者的政策变量。为了方便比较，继续保持固定的境外融资总量。因此带保险的存款额变为 d = 1 - s。为了简便分析，对比利兰和托弗特，[4] 有更简单的公式，假定后偿债项是没有期限的，但根据泊松过程的强度 m 更新。后偿债项到期的平均时间为：

$$\int_0^{+\infty} td\left[e^{-mt}\right] = \frac{1}{m}$$

在此，考虑监管者可以提交破产最低界限 x_R。集中在当 $x_R < d$ 时，这样存款有风险，次级债务持有者（股票持有者）在破产时就会让渡所有权。解释同上（选择任意技术 $k = B, G$）：

V_k：金融混业集团附属银行持续价值；

D_k：保险了的存款 NPV；

E_k：权益价值；

S_k：次级债务值。

金融混业集团附属银行监管其资产（k = G），稍微改动公式（6.5），给出价值的目标函数 V_G 和 D_G：

① Merton, R., On the cost of deposit insurance when there are surveillance costs [J]. Journal of Business,1978, 51, pp. 439~452.

②③ Bhattacharya, S., M. Plank, G. Strobl and J. Zechner. Bank Capital Regulation with Random Audits [R], FMG discussion paper 354, LSE, London, UK, 2000.

④ Leland, H. and K. B. Toft. Optimal Capital Structure, Endogenous Bankruptcy, and the Term Structure of Credit Spreads [J]. Journal of Finance,1996, 51 (3), pp. 987~1019.

$$V_G(x) = v_G x - \frac{b}{r} + \left[\frac{b}{r} - v_G x_R\right]\left(\frac{x}{x_R}\right)^{1-a_G}$$

$$D_G(x) = d - (d - x_R)\left(\frac{x}{x_R}\right)^{1-a_G}$$

S_G 更难决定。这是下面偏微分方程的解，考虑到瞬时概率 m，后偿债项以面值 s 偿还：

$$\begin{cases} rS_G(x) = sr + m(s - S_G(x)) + \mu_G S'_G(x) + \frac{1}{2}\sigma_G^2 S''_G(x) \\ S_G(x_R) = 0 \end{cases}$$

导致：

$$S_G(x) = s\left[1 - \left(\frac{x}{x_R}\right)^{1-a_G(m)}\right] \tag{6.14}$$

此时，

$$a_G(m) = \frac{1}{2} + \frac{\mu}{\sigma^2} + \sqrt{\left(\frac{\mu}{\sigma^2} - \frac{1}{2}\right)^2 + 2\frac{r+m}{\sigma^2}} \tag{6.15}$$

注意到市场约束的首要效应：指数 $1 - a_G(m)$ 在 m 增加时减少。因此 S_G 随 m 增加而增加。权益价值目标函数变为：

$$E_G(x) = x + V_G(x) - D_G(x) - S_G(x)$$

$$= (1 + v_G)x - 1 - \frac{b}{r} + \left[d + \frac{b}{r} - (1 + v_G)x_R\right]\left(\frac{x}{x_R}\right)^{1-a_G} + s\left(\frac{x}{x_R}\right)^{1-a_G(m)}$$

$$\tag{6.16}$$

m = 0 时，得到与上一节同样的公式（无市场约束）：因为通常保持固定的境外融资总量（ $s + d = 1$ ）。

稍微改动公式（6.15），给出 E_B ，在金融混业集团附属银行逃避时权益价值目标函数为：

$$E_B(x) = (1 + v_B)x - 1 + \left[d - (1 + v_B)x_R\right]\left(\frac{x}{x_R}\right)^{1-a_B} + s\left(\frac{x}{x_R}\right)^{1-a_B(m)}$$

$$\tag{6.17}$$

此时，

$$a_B(m) = \frac{1}{2} + \frac{\mu_B}{\sigma_B^2} + \sqrt{\left(\frac{\mu_B}{\sigma_B^2} - \frac{1}{2}\right)^2 + 2\frac{r+m}{\sigma_B^2}} \tag{6.18}$$

因此消除逃避的约束条件为：$\Delta \geqslant 0$ ，此时，

$$\Delta = x_R\left[E'_G(x_R) - E'_B(x_R)\right]$$

计算为：

$$x_R E'_G(x_R) = a_G(1 + v_G)x_R - (a_G - 1)\left(d + \frac{b}{r}\right) - s[a_G(m) - 1]$$

$$x_R E'_B(x_R) = a_B(1 + v_B)x_R - (a_B - 1)d - s[a_B(m) - 1]$$

则均衡条件：

$$\Delta = [a_G(1 + v_G) - a_B(1 + v_B)]x_R - \left[(a_G - a_B)d + (a_G - 1)\frac{b}{r} + s\{a_G(m) - a_B(m)\}\right]$$

$$(6.19)$$

命题 3：阻止金融混业集团附属银行逃避的最小资本目标函数为：

$$x_R(m) = \frac{(a_G - 1)\dfrac{b}{r} + (a_G - a_B)d + [a_G(m) - a_B(m)]s}{a_G(1 + v_G) - a_B(1 + v_B)}$$

当 $\sigma_B^2 > \sigma_G^2$，则为 m 的 U 形函数，在 $m*$ 取最小值。当 $\sigma_B^2 = \sigma_G^2$（纯效应问题）随 m 的增加而减小（也就是 $m* = +\infty$）。当 $m < m*$ 时，市场约束会降低金融混业集团附属银行草率破产的要求。

因此，在没有监管约束下，市场约束会降低监管资本等级。在更现实的情况下，可以联系金融混业集团附属银行监管当局的委托，研究市场约束的效果。

五、监管约束

首先假设银行业当局迫于政治压力扶持那些达到倒闭最低界限 x_R 的金融混业集团附属银行。这个假设具有不可改变性，使得金融混业集团附属银行总是低于最低界限而不能达到理想状态。倒闭受控于持续性（事后的），至少在财政成本费用净值不太高时。因此，可以认为，每当金融混业集团附属银行到达这个界限（$x = x_R$）时，就能得到政府的流动性援助。

从技术层面来说，x_R 就成了一个反射壁垒（如 Dixit, 1993），V_k 的边界条件为：

$$V'_k(x_R) = \lambda$$

其中 $\lambda > 0$ 代表流动性援助的净福利费用（如由财政系统造成的扭曲）。新的目标函数 V_G 为：

$$V_G(x) = v_G x - \frac{b}{r} - \left(\frac{\lambda - v_G}{a_G - 1}\right)x^{1-a_G}x_R^{a_G}$$

可以更加全面地考虑政府一次性对金融混业集团附属银行注资（资本额

的调整）。然而，如果这种资本额的调整不会带来固定成本（而只存在边际福利费用 λ），不难看出当约束条件 $\lambda > v_G$ 时，λ 由流动性援助（或极小的资本额调整）决定。当 $\lambda < v_G$ 时，无穷大的资本调整额是最优的。注意，假定金融混业集团附属银行在达到 x_R 之后可以继续运营，监管约束意味着 $V_G(x_R)$ 现在不同于 V_k。要知道监管约束对金融混业集团附属银行股权价值的影响，则必须明确金融混业集团附属银行触及 $x = x_R$ 时对股权持有者和次级贷款持有者的惩罚力度。

假设次级债务持有人还清欠款［即 $S_k(x_R) = 0$］，而股权持有人只需支付流动性援助［$E'_k(x_R) = \alpha$］成本的一部分 α。在这种情况下，次级债务值与上述一样，其均衡条件为：

$$S_G(x) = s\left[1 - \left(\frac{x}{x_R}\right)^{1-a_G(m)}\right]$$

E_G 为：

$$E_G(x) = (1+v_G)x - \frac{b}{r} - 1 + s\left(\frac{x}{x_R}\right)^{1-a_G(m)} + \frac{1+v_G-\alpha-s[a_G(m)-1]}{a_G-1}\left(\frac{x}{x_R}\right)^{1-a_G}$$

同样，

$$E_B(x) = (1+v_B)x - 1 + s\left(\frac{x}{x_R}\right)^{1-a_B(m)} + \frac{1+v_B-\alpha-s[a_B(m)-1]}{a_B-1}\left(\frac{x}{x_R}\right)^{1-a_B}$$

无逃避的约束条件为：

$$\Delta = E_G(x_R) - E_B(x_R) \geqslant 0$$

此时，

$$\Delta = (v_G-v_B)x_R - \frac{b}{r} + \frac{1+v_G-\alpha-s[a_G(m)-1]}{a_G-1} - \frac{1+v_B-\alpha+s[a_B(m)-1]}{a_B-1}$$

$$(6.20)$$

命题 4：在监管约束下，消除金融混业集团附属银行推卸责任的最低资本需求目标函数为：

$$\widehat{x}_R(m) = \frac{1}{(v_G-v_B)}\left[\frac{b}{r} + \frac{1+v_G-\alpha}{a_G-1} - \frac{1+v_B-\alpha}{a_B-1} + s\left(\frac{a_G(m)-1}{a_G-1} - \frac{a_B(m)-1}{a_B-1}\right)\right]$$

这是 m 的递减函数：市场约束减少了监管约束的成本。

证明：$\widehat{x}_R(m)$ 公式直接由公式（6.19）导出。事实上，分别比较 $k = G$，B 下的 $\frac{a_k(m)-1}{a_k-1}$，得出 $\widehat{x}_R(m)$ 随 m 的增加而减少：

$$\frac{a_k(m) - 1}{a_k - 1} = \frac{t_k + \sqrt{t_k^2 \sigma_k^2 + 2(r + m)}}{t_k + \sqrt{t_k^2 \sigma_k^2 + 2r}}$$

此时，

$$t_k = \frac{\mu_k}{\sigma_k} - \frac{\sigma_k}{2}$$

$$\frac{a_k(m)}{a_k - 1} = \left[t_k + \sqrt{t_k^2 \sigma_k^2 + 2r} \right]^{-1} (t_k^2 \sigma_k^2 + 2(r + m))^{-1/2}$$

假定 $t_G > t_B$ 且 $t_G \sigma_G > t_B \sigma_B$，显然：

$$\frac{a_G(m)}{a_G - 1} < \frac{a_B(m)}{a_B - 1}$$

从而 $\widehat{x}_R(m)$ 随 m 的增加而减少。

第二节　资本监管要求与风险的跨期效应

金融混业集团作为一个整体，即使持有充足的资本，集团内部的资金也存在分配过程。若不对金融混业集团本身设定一定的资本要求，它作为集团内部负责资金分配的机构，亦有可能将多数资本分配给其下辖的各类接受资本监管的金融机构。这样，金融混业集团所持有的资本可能不足以抵御风险。弗隆（Furlong）和凯丽（Keeley）（1989）指出资本要求会减少风险动机，而弗兰纳里（Flannery, 1989）认为资本要求会导致更多的高风险活动。当发生清偿能力不足的情形时，金融混业集团很可能利用其控制地位向其下辖的附属公司要求资金，对金融混业集团自身的信誉及社会利益均会造成损害。凯恩（Koehn）、桑托姆罗（Santomero）（1980，1988）和罗切特（Rochet）（1992）指出风险权重选择不当会增加银行的风险。另一些学者认为资本要求会减少监管激励，会降低金融混业集团附属银行投资组合质量，如贝森科（Besanko）和坎纳塔斯（Kanatas, 1993）；布特（Boot）和戈林鲍姆（Greenbaum, 1993）。德沃特里庞（Dewatripont）和泰勒尔（Tirole）（1995）视资本要求为分配权利的一种手段，间接影响着银行管理者的行为动机。葛雷克

（Gehrig）指出资本要求会影响银行与银行之间决策竞争的本质。[①] 以上学者均在不同层面上阐述了资本充足率要求，但他们只是描述了一种静止状态。研究我国金融业资本与风险监管的关系和金融混业集团资本监管的动态方面，尤其是跨期效应，科学地把握金融混业集团资本与风险的关系，以寻求降低我国金融业特别是混业经营的金融控股公司风险的资本监管规律，因此具有一定的理论和实践意义。

一般情况下，没有监管的金融混业集团偏好从事风险高的项目，当然这些项目并不一定是最优的。如果在第一期仅仅受制于资本监管的压力，加强监管要求会减少风险。如果在第二期受制于资本要求，则金融混业集团会在第一期增加资产风险。加强监管有两个效应：

第一，更加严格的约束会降低金融混业集团的预期收益。然而，如果收益很低，即使集团破产，也无重大损失。因此，对金融混业集团来说，约束越大，损失越小。

第二，监管的变化会影响边际风险收益。由于下一期的资本监管约束对金融混业集团附属银行更有价值。因此，在当前的模型中，增加边际风险收益会增加第一种效应，进而导致整体风险的增加。在有约束的资本监管下，高风险高盈利的资本投资受限于资本多元化，即增加单位资本会导致高于同等单位的资本投资。由于杠杆作用，[②] 资本对于有监管的金融混业集团更有价值。因此，金融混业集团在监管约束下更偏好增加资本。然而，如果金融混业集团在资本市场中增加资本的成本太高或根本无法增加资本，那么增加下一期资本的唯一方式就是增加当前的风险。

在 $t = 0$ 时期，金融混业集团投资于可用资金。在下一个时期，$t = 1$ 实现收益。如果集团没有违约，则可再次投资。在 $t = 2$ 时期实现收益，所有的参与者均获得报酬。

假设金融混业集团的管理者是风险中立者，完全站在股东的立场，他们会实现预期收益的最大化。

金融混业集团通过股本和存款进行融资。假定原始股的股本 W_0 为外生变

---

① Gehrig, T.. Capital adequacy rules: Implications for banks' risk-taking. Swiss ［J］. Journal of Economics and Statistics, 1995, 131, pp. 747~764.

② 这个杠杆效应归功于权益和贷款量之间的严格关系，贷款由资本充足率要求规定，可能增加宏观经济波动。如果对总需求是负面影响就会减少企业偿还贷款给银行的能力，而偿还贷款的减少会降低银行权益。由于资本要求的影响，会反过来减少银行贷款和工业投资 ［见布路斯（Blum）和艾尔维格 Hellwig（1995）］。

量，金融混业集团在 $t=0$ 时期获得存款 D_0。在一个时期后，金融混业集团必须支付成本 $C(D_0)$（$C', C'' > 0$ 且 $C(0)=0$）。成本函数来自于不完全的竞争框架。如果金融混业集团只有横向差别，则均存在地方垄断。为吸引更多的存款，金融混业集团附属银行就必须通过提高利率而占有较大的市场份额。这不仅会带来边际存款成本，而且会增加低于边际存款成本的存款成本。因此存款成本会迅速增加。

存款保险可以保护所有的存款者，因此存款者总是能收回本钱，而不在乎金融混业集团附属银行是否有风险。因此，存款需求与金融混业集团的风险相互独立。实际上，存款者、管理者和监管者都是风险厌恶者。在此假设风险中立，进而分散风险效应，而进行风险选择。

在 $t=0$ 时期，金融混业集团附属银行有安全资产投资（净收益率为 $R_f \geq 1$）和风险投资组合两种投资选择。投资组合的风险收益结构受金融混业集团内部影响。根据金融理论，至少在某个范围内，风险和预期收益之间有一个正的权衡。为避免无限多解，假设在某一定点后，进一步地增加风险会导致预期收益的减少。具体而言，令总收益率为两点分布，标准化为 0，约束条件：

$$\begin{cases} \widetilde{R} = X & \text{概率为 } p(X) \\ \widetilde{R} = 0 & \text{概率为 } 1-p(X) \end{cases}$$

对于 $X \geq R_f$，有 $p'(X) < 0$，$p''(X) \leq 0$ 和 $p(R_f)=1$。这些假设说明 $E[\widetilde{R} \mid X] = p(X)X$ 是严格凹的。为了增加 X 的预期收益 R_f，进一步假设 $p'(R_f) > -1/R_f$。使预期收益最大化的风险级别用 X^* 表示。

显然，风险投资组合对安全资产的影响是有限的。由于所有的资金都用于风险投资组合，则对于每个给定的 X，违约概率为 $1-p(X)$。

如果在 $t=1$ 时，可用资金不足以支付成本 $C(D_0)$，则金融混业集团就会违约，所有的可用资金（如果有的话）作为存款保险，用于赔偿存款者。由于有限责任制度，金融混业集团不会被强迫支付任何额外的未履行索赔。

$t=1$ 时期与 $t=0$ 时期，模型的结构相同。当存款 D_1 的成本仍为 $C(D_1)$ [有 $C', C'' > 0$ 且 $C(0)=0$]，股本 W_1 由 $t=0$ 初始 W_0（风险资本）加上利润或第一时期的损失构成。然而，为方便起见，只考虑 $t=1$ 风险资产减少的情况。将第二时期的不确定性抽象化，用随机变量代替，令预期值 $\overline{R} > R_f$，这样可以将模型拓展到第二时期。

1. 最优化

除去破产成本，风险中立者选择风险级别使预期收益 X^* 最大化，也就是 X^* 的均衡条件是：

$$p'(X^*)X^* + p(X^*) = 0 \tag{6.21}$$

风险值为正。完全安全投资策略，也就是 $X = R_f$，并不是最优的。风险增加时，一方面违约概率很高，另一方面收益也很高。X^* 风险的增加对预期收益的净效应为正。选择完全安全投资，则不再有额外收益。事实上，大多数金融系统鼓励金融混业集团持有风险头寸。

2. 无监管的金融混业集团附属银行

无监管的金融混业集团附属银行要解决的问题如下：

$$\max_{X,D_0,D_1} p(X)\{(\widetilde{W}_1 + D_1)\bar{R} - C(D_1)\} + (1 - p(X))\max\{0, -C(D_0)\}$$

这里 $\widetilde{W}_1 = X(W_0 + D_0) - C(D_0)$ 是 $t = 1$ 时成功的权益价值。由于有限责任，权益价值若失败就等于 0，金融混业集团附属银行不能继续运营。因此，第二时期权益价值为 0。代入得：

$$\max_{X,D_0,D_1} p(X)\{[X(W_0 + D_0) - C(D_0) + D_1]\bar{R} - C(D_1)\}$$

最优目标函数为：

$$p'(\widehat{X})\widehat{X} + p(\widehat{X}) - p'(\widehat{X})\left|\frac{C(\widehat{D}_0)}{\widehat{D}_0 + W_0} - \frac{\widehat{D}_1\bar{R} - C(\widehat{D}_1)}{\bar{R}(\widehat{D}_0 + W_0)}\right| = 0 \tag{6.22}$$

$$\widehat{X} - C'(\widehat{D}_0) = 0 \tag{6.23}$$

$$\bar{R} - C'(\widehat{D}_1) = 0 \tag{6.24}$$

金融混业集团在第二个时期通过存款获得的预期收益 $\widehat{D}_1\bar{R} - C(\bar{D}_1)$ 越高，在第一个时期的风险就越低。原因是失败使（因此而破产）金融混业集团不仅盈利为 0，而且在第二个时期会损失这些利润。如果未来收益或"租金"很高，对于金融混业集团来说，在 $t = 1$ 成功运营下，减少风险以消耗很少的权益价值来增加"租金"是最优的。如果"租金"非常高，金融混业集团可以选择更低的风险级别而不是最优。在这种情况下，用资本充足率要求挽回形势并不是最好的方法。为避免这种可能性，假设未来租金并不是很高，也就是 $\bar{R}C(\widehat{D}_0) > \widehat{D}_1 \bar{R} - C(\widehat{D}_1)$。在 $t = 0$ 时，金融混业集团选择比最优化高的风险级别，即 $\widehat{X} > X^*$。这是在比较方程（6.21）和方程（6.22）之后并根据凹的预期收益函数得出来的。

3. 有监管的金融混业集团主导下的银行

资本充足率要求对风险动机有两种效应。

第一，影响风险的边际成本。监管要求越严格，在成功运营下的利润越低，如果违约，金融混业集团损失就越少。由于承担风险的边际成本来自利润，并减少成功运营的概率，则加强监管要求意味着增加风险。

第二，资本要求影响风险的边际收益。实际效应依赖于所采用的体制。如果监管只是在第一个时期有约束力，则风险的边际收益会减少。而增加风险会提高成功运营下的收益率，收益与投资成倍数关系。在有约束力的监管约束下，监管越严格，倍数越低。因此，严格的监管趋于减少风险。

相反，有约束力的监管在第二个时期增加了第一个时期风险的边际收益。在第二个时期权益与风险资产投资是一对多的关系，而在无监管下是一对一的关系。当期权益为外生变量，而第二个时期不固定，但会受到当期的投资决策影响。通过增加当期的风险，金融混业集团在第二个时期成功运营下有更高的可用资本。因此，引入下一个时期的资本要求将导致当期的投资风险更高。

1. 第一个时期有约束力的监管要求

根据 1988 年巴塞尔协议，权益价值至少和给定的部分风险权重资产一样高。在模型中所谓的 Cooke 比率 c_0 在第一个时期意味着金融混业集团可以最多在风险投资组合中投资 $\dfrac{W_0}{c_0} \equiv k_0 W_0$。资本要求没有包括最大资产负债比率。然而杠杆不能直接通过行为决定。与很多文献中的模型（符合实际）相反，资本要求不一定有约束力。如果资本充足率要求有约束力，则会投资于风险资产 $k_0 W_0$。$W_0(k_0 - 1)$ 存款是必要的。除此之外，只要资金可以进行安全资产投资，金融混业集团附属银行就会进一步筹集存款 $\tilde{D}_0$。总存款为：

$$D_0^r = \max\{(k_0 - 1)W_0, C'^{-1}(R_f)\} \le \widehat{D}_0 \qquad (6.25)$$

或

$$D_0^r = (k_0 - 1)W_0 + \tilde{D}_0$$

金融混业集团必须解决，其约束条件是：

$$\max_{X, \tilde{D}_0, D_1} p(X) \left[(\tilde{W}_1 + D_1) \bar{R} - C(D_1) \right] , \quad \tilde{D}_0 \geq 0$$

这里 $\tilde{W}_1$ 为 $t = 1$ 时在成功运营下的权益价值：

$$\tilde{W}_1 = k_0 W_0 X + \tilde{D}_0 R_f - C(D_0^r)$$

一阶必要条件为：

$$p'(X) \{ (\tilde{W}_1 + D_1) \bar{R} - C(D_1) \} + p(X) k_0 W_0 \bar{R} = 0 \qquad (6.26)$$

$$\bar{R} - C'(D_1) = 0 , \quad R_f - C'(D_0^r) \leq 0$$

$$\tilde{D}_0 [R_f - C'(D_0^r)] = 0 , \quad \tilde{D}_0 \geq 0.$$

在方程（6.26）中，第一项表示风险增加的边际成本。大括号表示在成功运营下的金融混业集团利润。风险增加会小幅度降低成功概率 $p'(X)$，因而会降低预期利润。第二项是风险的边际收益。更高的风险意味着对总资金有更高的收益率，这笔资金在 $t = 0$ 时投资于风险资产 $k_0 W_0$。在成功运营下更高的收益资本转变为 $t = 1$ 时更高的权益，并投资于风险资产获得收益 $\bar{R}$。因此，增加一单位风险就会增加收益 $k_0 W_0 \bar{R}$。在最优风险级别下，边际成本等于边际收益。

现在要确定资本要求的增加对有监管的金融混业集团的风险行为影响。为此，区分方程（6.26）并重新调整，均衡为：

$$\frac{dX}{dk_0} = - \frac{p'(X) W_0 \bar{R} \{ X - C'(D_0^r) \} + p(X) W_0 \bar{R}}{p''(X) \{ (\tilde{W}_1 + D_1) \bar{R} - C(D_1) \} + 2p'(X) k_0 W_0 \bar{R}}$$

当分母为负，分子的符号不明显。这种模棱两可会影响到资本规则强度的两种相反的效应。第一种效应是 Cooke 比率对风险边际成本的影响，$p'(X) W_0 \bar{R} \{ X - C'(D_0^r) \}$。由于有监管的金融混业集团附属银行面临约束限制，最高盈利可能比没有监管金融混业集团附属银行的最大盈利低。限制越严，盈利越低，通过增加风险而增加的违约概率损失相对降低。低盈利意味着金融混业集团附属银行在违约时没有什么可以损失的了。第二种效应是不断变化的要求对风险边际收益的影响，用 $p(X) W_0 \bar{R}$ 表示。更严格的限制减少了风险资产投资。由于风险收益与投资数量成比例，更高的 Cooke 比率会减少风险的边际收益。

在资本监管变得有约束力时，有监管的金融混业集团附属银行风险和没有监管的银行风险是一样的。在方程（6.23）中可以看到点 $X = C'(D_0^r)$。因此，如果资本要求变得有约束力，则进一步加强约束就会降低风险级别，有 $\dfrac{dX}{dk_0} > 0$。收益效应通常决定成本效应，也就是，增加监管要求通常会降低风险级别。

命题 1：如果金融混业集团附属银行在第一个时期面临有约束力的资本充足率要求，增强监管要求会降低风险等级，$\dfrac{dX}{dc_0} < 0$。

重新调整方程（6.26），得：

$$p'(X)X + p(X) - p'(X)\left[\frac{C(D_0^r) - \tilde{D}_0 R_f}{k_0 W_0} - \frac{D_1 \bar{R} - C(D_1)}{\bar{R} k_0 W_0}\right] = 0$$

把方括号内的表达式记为 A，得：

$$[p'(X)X + p(X)] - p'(X)A = 0$$

求导：

$$\frac{dX}{dA} = \frac{p'(X)}{p''(X)(X - A) + 2p'(X)}$$

由于 $p'(.) < 0$ 且 $p''(.) \leq 0$，如果 $X \geq A$，则导数为正，同时，如果在没有违约下有正的利润存在，即 $Xk_0 W_0 + \tilde{D}_0 R_f - C(D_0^r) > 0$，检验 $X \geq A$ 是否满足即可。因此，如果减少 A，风险降低。

在 $\tilde{D}_0 = 0$，由于 $C'[W_0(k_0 - 1)]k_0 W_0 > C'[W_0(k_0 - 1)](k_0 - 1)W_0 > C[W_0(k_0 - 1)]$ 有：

$$\frac{\partial A}{\partial k_0} = \frac{\partial}{\partial k_0}\left(\frac{C(D_0^r)}{k_0 W_0} - \frac{D_1 \bar{R} - C(D_1)}{\bar{R} k_0 W_0}\right) =$$

$$\frac{C'[W(k_0 - 1)]k_0 W_0 - C[W_0(k_0 - 1)]}{k_0^2 W_0} + \frac{D_1 \bar{R} - C(D_1)}{\bar{R} k_0^2 W_0} > 0$$

在 $\tilde{D}_0 > 0$ 时，$D_0^r = \tilde{D}_0 + W_0(k_0 - 1)$ 固定（因为 $C'(D_0^r) = R_f$），且：

$$\frac{\partial A}{\partial k_0} = \frac{\partial}{\partial k_0} \left(\frac{C(D_0^r) - \tilde{D}_0 R_f}{k_0 W_0} - \frac{D_1 \bar{R} - C(D_1)}{\bar{R} k_0 W_0} \right) =$$

$$\frac{R_f k_0 W_0^2 - \left\{ C(D_0^r) - R_f [D_0^r - W_0(k_0 - 1)] \right\} W_0}{k_0^2 W_0^2} + \frac{D_1 \bar{R} - C(D_1)}{\bar{R} k_0^2 W_0}$$

由于最后一项为正，表达式也为正，当：

$$R_f k_0 W_0 - \left\{ C(D_0^r) - R_f [D_0^r - W_0(k_0 - 1)] \right\} > 0$$

重新调整，得：

$$R_f (D_0^r + W_0) - C(D_0^r) > 0$$

因为 $R_f = C'(D_0^r)$，可以写为：

$$D_0^r C'(D_0^r) + R_f W_0 - C(D_0^r) > 0$$

由于 $C(.)$ 是严格凸函数，且 $C(0) = 0$，则不等式总是成立。

总之，对于 $\tilde{D}_0 \geqslant 0$，如果 k_0 增加，A 也会增加。因此，由于 $k_0 = \frac{1}{c_0}$，风险随 c_0 的增加而降低。

2. 第二个时期有约束力的监管要求

金融混业集团附属银行在第二个时期有约束 Cooke 比率 c_1，在 $t = 1$ 用于风险资产投资的资金限制 $\frac{W_1}{c_1} \equiv k_1 W_1$。除此之外，金融混业集团可以投资于理想的风险资产 $\tilde{D}_1$。

使金融混业集团最大化，其目标函数为：

$$\max_{X, D_0, \tilde{D}_1} p(X) [k_1 \tilde{W}_1 \bar{R} + \tilde{D}_1 R_f - C(D_1^r)] \quad \tilde{D}_1 \geqslant 0$$

这里 $\tilde{W}_1$ 为 $t = 1$ 在正常情况下的权益价值：

$$\tilde{W}_1 = (W_0 + D_0) X - C(D_0)$$

总存款在第二个时期为：

$$D_1^r = (k_1 - 1) \tilde{W}_1 + \tilde{D}_1$$

约束条件为：

$$p'(X)\{k_1 \widetilde{W}_1 \overline{R} + \widetilde{D}_1 R_f - C(D_1^r)\} +$$

$$p(X)(W_0 + D_0)\{k_1 \overline{R} - (k_1 - 1)C'(D_1^r)\} = 0 \qquad (6.27)$$

$$X - C'(D_0) = 0 \qquad R_f - C'(D_1^r) \leqslant 0$$

$$\widetilde{D}_1[R_f - C'(D_1^r)] = 0 \qquad \widetilde{D}_1 \geqslant 0$$

方程（6.27）的第一项表示风险增加的边际成本，第二项表示风险的边际收益。成本项的解释与上述相同，但风险边际收益不同。论据的关键入口是权益资本的边际价值在有约束的资本监管要求下比没有监管要求下高。在没有监管下，额外一单位权益在 $t = 1$ 时投资风险资产会产生额外一单位权益 $\overline{R}$。如果金融混业集团附属银行在有约束的资本要求下，额外一单位权益允许风险资产投资 k_1，产生收益 $k_1 \overline{R}$。由于 $k_1 > 1$，金融混业集团必须增加存款供给 $k_1 - 1$ 以融资填补投资 k_1 和可用权益之间的差距。这些存款成本为 $(k_1 - 1)C'(D_1^r)$。由于 $\overline{R} \geqslant C'(D_1^r)$，如果监管要求有约束力，则权益的边际价值在 $t = 1$ 时比在有约束的资本监管下高。

$$k_1 \overline{R} - (k_1 - 1)C'(D_1^r) \geqslant \overline{R}$$

为了分析资本要求的增加对有监管的金融混业集团的风险影响，重新调整得均衡条件：

$$\frac{dX}{dk_1} = -[p'(X)\widetilde{W}_1\{\overline{R} - C'(D_1^r)\} + p(X)(D_0 + W_0)\{\overline{R} - C'(D_1^r) - H_1\}]/$$

$$[p''(X)\{k_1 \widetilde{W}_1 \overline{R} + \widetilde{D}_1 R_f - C(D_1^r)\} + 2p'(X)(D_0 + W_0)$$

$$\times \{k_1 \overline{R} - (k_1 - 1)C'(D_1^r)\} - p(X)H_2] \qquad (6.28)$$

这里：

$$H_1 = (k_1 - 1)\widetilde{W}_1 C''(D_1^r) \quad \text{当} \ \widetilde{D}_1 = 0$$

$$H_1 = 0 \qquad\qquad \text{当} \ \widetilde{D}_1 > 0$$

且：

$$H_2 = (k_1 - 1)^2(D_0 + W_0)^2 C''(D_1^r) \quad \text{当} \ \widetilde{D}_1 = 0$$

$$H_2 = 0 \qquad\qquad\qquad \text{当} \ \widetilde{D}_1 > 0$$

同上，分母为负。但现在分子有可能也为负，也就是，如果加强资本要求，风险可能会增加，即 $\dfrac{dX}{dk_1} < 0$。和前面一样，当减少 k_1 降低风险边际成本时，风险的边际收益很可能增加。只要边际收益增加或减少的幅度小于边际成本的减小幅度，风险就会增加。[①]

在资本要求变得有约束力时，从方程（6.24）可得 $\bar{R} = C'(D_1^r)$。在此点，方程（6.28）的分子为 $-p(X)(D_0 + W_0)H_1 < 0$，在加强监管时风险一定会增加。如果 c_1 进一步提高，风险仍会增加。最后方程（6.28）的符号就会改变，风险会下降。用到（6.29），很明显，方程（6.28）的分母在 $k_1 = 1$ 时为正。然而，风险不会降低到没有监管 $\widehat{X}$ 级别以下。如果考虑更严格的监管，$k_1 = 1$ 时更会如此。约束条件为：

$$p'(X^r)X^r + p(X^r) - p'(X^r)\left[\frac{C(D_0^r)}{D_0^r + W_0} - \frac{D_1^r R_f - C(D_1^r)}{\bar{R}(D_0^r + W_0)} \right] = 0 \qquad (6.29)$$

与（6.22）相比，可以看到 $X^r > \widehat{X}$，因为 $D_1^r R_f - C(D_1^r) < \widehat{D}_1 \bar{R} - C(\widehat{D}_1)$。

因此有命题 2：资本要求在第二个时期一开始变得有约束力 $\underline{c}_1$，加强监管要求会提高风险级别，$\dfrac{dX}{dc_1} > 0$。如果监管要求进一步加强，风险最后再次降低，但不会低于没有监管银行的级别之下，对于所有的 $c_1 > \underline{c}_1$，有 $X^r > \widehat{X}$。

3. 两个时期的有约束的监管要求

如果金融混业集团在当期和下一个时期都有约束性的监管要求，那么风险的净效应不确定。

用 k 表示两个时期有约束的资本要求，金融混业集团的问题变为目标函数：

$$\max_{X, \tilde{D}_0, \tilde{D}_1} p(X)\left[k\tilde{W}_1\bar{R} + \tilde{D}_1 R_f - C(D_1^r) \right], \ \tilde{D}_0, \tilde{D}_1 \geq 0$$

① Flannery, M.. Capital regulation and insured banks' choice of individual loan default rates [J]. Journal of Monetary Economics, 1989, 24. pp. 235~258.

这里 D_0^r 和 D_1^r 定义同上，$\widetilde{W}_1 = kW_0 X + \widetilde{D}_0 R_f - C(D_0^r)$。风险级别的约束条件变为：

$$p'(X)[k_1 \widetilde{W}_1 \overline{R} + \widetilde{D}_1 R_f - C(D_1^r)] + p(X)kW_0[k\overline{R} - (k-1)C'(D_1^r)] = 0$$

(6.30)

为了研究监管的变化对风险级别的影响，再一次差分方程（6.30）得：

$$\frac{dX}{dk} = -\frac{p'(X)[(\overline{R} - C'(D_1^r))\{\widetilde{W}_1 + kW_0(X - C'(D_0^r))\} + C'(D_1^r)W_0(X - C'(D_0^r))]}{\Delta}$$

$$-\frac{p(X)W_0[2k\overline{R} - (2k-1)C'(D_1^r) - H_3]}{\Delta}$$

(6.31)

这里 $\Delta < 0$ 是方程（6.30）左边对 X 的差分，且：

$$H_3 = k(k-1)C''(D_1^r)\{\widetilde{W}_1 + (k-1)W_0(X - C'(D_0^r))\} \quad 当 \quad \widetilde{D}_1 = 0$$

$$H_3 = 0 \qquad\qquad\qquad\qquad\qquad 当 \quad \widetilde{D}_1 > 0$$

方程（6.31）的分子符号不确定，也就是，Cooke 比率和必要的风险级别的关系并不确定。如以前考虑的情况一样，边际成本效应通常引起更大的风险。边际收益效应是否导致风险增加依赖于模型参数。有趣的是，监管越不严格，Cooke 比率越低，加强监管就越会增加风险。因为杠杆效应 $\frac{1}{c}$ 越高，c 越低。每单位权益资本允许 $\frac{1}{c}$ 单位的风险资产投资。杠杆越高，每单位额外权益就越有价值，引起的风险级别更高，盈利越多。可以推出风险越增加，初始权益 W_0 就越大。当然，如果权益非常高，监管就没有约束力，推理也无实际意义。因此，金融混业集团认为监管要求在第二个时期有约束力无助于激励机制。

越严格的监管越容易导致风险的增加，存款成本函数 $C(.)$ 函数也越凸。有约束的监管要求减少金融混业集团的存款量，因而降低存款的边际成本。这意味着存款越多，对金融混业集团就越有吸引力。如果金融混业集团有较多的可用资金，就可以募集较多的存款，为在正常运营下获得更多的权益头寸就会更愿意提高风险级别。成本函数越凸，动机就越大。这种效应是，金融混业集团认为监管要求在第二个时期有约束力。

监管在第一个时期有强约束力而在第二个时期恰巧有约束力，此时如果

考虑级别 k ，方程（6.31）就过于简单。如果投资有效，权益水平在第二个时期就会高于第一个时期；相反，则反之，$\bar{R} = C'(D_1^r)$ ，方程（6.31）为均衡条件。

$$\frac{dX}{dk} = -\frac{p'(X)\bar{R}W_0(X - C'(D_0^r)) + p(X)W_0[\bar{R} - H_3]}{\Delta}$$

由于第一项分子为负，如果加强监管，风险增加的充分条件则为 $\bar{R} < H_3$ 。成本函数 $C(.)$ 函数越凸，这个条件越容易满足，k 越高，初始权益 W_0 就越大。

如果监管进一步加强，风险最后会减少，可能比最优风险还低。为此，检验风险在 $k = 1$ 的约束条件为：

$$p'(X^r)X^r + p(X^r) + p^r(X^r)\left[\frac{\bar{R}(\tilde{D}_0R^f - C(\tilde{D}_0)) + \tilde{D}_1R_f - C(\tilde{D}_1)}{\bar{R}W_0}\right] = 0$$

由于方括号内的表达式为正，预期收益函数为凹，这符合 $X^r < X^*$ 。

总之，如果金融混业集团在两个时期都有资本监管要求，那么在第一个时期有约束力时风险就会随着资本要求 c 的加强而降低。一旦监管在第二个时期有约束力 $\tilde{c}$ ，则会进一步加强监管而使风险级别增大，甚至比没有监管时还大。最后，在最强的监管下，降低至最优级别，风险才会降低。

本章小结

本章首先构建了一个简单的动态银行模型，用以分析巴塞尔协议 II [1][2] 的三个支柱（资本充足率要求、监管约束和市场约束）之间的关系。为达到这一目的，首先认为第一支柱，即资本充足要求，是　个临界点而不是一个间接影响银行资产分配的均值。其次，分析了银行监管的目标和局限性：最小的资本充足率要求需要避免道德风险，但这个临界值也并不完全可靠。再次，通过引入次级债务市场约束和模型研究得到，市场约束（第三支柱）可以降

①　Basel Committee. A New Capital Adequacy Framework ［M］. Consultative paper issued by the Basel Committee on Banking Supervision (BCBS), Basel, Switzerland, 1999.

②　Basel Committee. The New Basel Capital Accord, BCBS ［M］. Basel,Switzerland, 2001.

低资本监管要求最小临界值，阻止道德风险。最后，探讨了动态框架下资本充足率要求的增加对金融混业集团的风险的影响。除了考虑租金对集团风险的负效应之外，还要进一步考虑瞬时效应。在有约束力的资本要求下，下一个时期的每单位资本都非常有价值。如果提高资本的成本过高，则增加下一个时期的资本就必须先增加当期的风险。

第七章　资本监管模式研究

20 世纪 60 年代以来，受自身利益最大化驱动，为逃避金融监管、规避风险，各国的金融机构（尤其是发达国家的金融机构）不断地加深混业经营。特别是进入 20 世纪 70 年代后，混业经营更加活跃，新的市场、新的机构、新的工具、新的交易方式以及管理方法不断涌现，极大地提高了金融体系运行的效率。具体到银行业而言，表外业务、中间业务、网络银行等创新活动空前繁荣，并且逐渐成了银行业主要的利润增长源泉，同时也为世界银行业的发展提供了内在的动力。混业经营在一定程度上实现了转移和分散金融风险的功能，比如混业经营中信息技术的进步，大大降低了获取和分析数据的成本，提高了风险管理模型的精致性，促进了金融机构风险管理体系的发展。与此同时，混业经营也提高了金融市场的广度和深度，使得各种金融风险更加隐蔽化，金融风险对金融体系破坏的程度和可能性也随之增强。由于新兴金融产品和工具的高收益与高风险共存，这些特有的诱惑刺激了一些投机者进入市场，利用杠杆原理进行金融投资交易，一些恶性事件相继发生，给经济运行和金融稳定带来了巨大的负面影响。因此，混业经营对银行资本监管提出了更高的要求和挑战。

第一节　混业经营与金融监管的关系

随着金融全球化、一体化浪潮，金融领域的竞争日趋激烈，金融风险也更加复杂。中国加入 WTO 后国内银行业逐步开放，我国商业银行将在越来越广的业务范围与外资银行展开更为激烈的竞争。我国的商业银行只有大力开展混业经营，才能摆脱在传统存贷业务上风险进一步积累的趋势，寻求新的利润增长点，从而提升自身的战略竞争优势。同时，随着市场竞争的加剧和金融风险的复杂化，我国也迫切地需要既能保持金融稳定，又能保障银行业持续健康发展的有效金融监管制度。

混业经营行为的动机从本质上看源于金融机构的逐利动机。市场竞争环境的变化使得商业银行传统的金融产品和金融服务盈利空间缩小，因而为了生存和发展，它们将不断地进行混业经营；另外，从金融机构和金融监管当局的博弈来理解混业经营，各个商业银行推出新的金融产品或金融服务，是为了寻求逃避监管法规后的丰厚利润和市场占有。同时，混业经营改变了金融监管运作的基础条件，客观上导致了金融监管制度进行革新。这种制度革新主要体现在：一是监管方式上，从合规监管过渡到功能监管。由于金融机构的全能化发展，传统的、以机构业务为监管对象的方式不再适应，而应以功能为基础进行监管。二是内部控制制度的加强。传统监管制度注重外部控制制度，随着混业经营的发展，各国及国际监管机构对金融内部控制制度的健全性、有效性越来越给予高度重视。三是监管标准上，从信用风险监管到全面性的风险监管。传统监管是针对信贷风险的，但混业经营使金融机构面临着其他各种风险，仅对信贷风险进行监管，难以实现有效监管的目的。对信用风险、市场风险、利率风险、流动性风险等各种风险实现全面风险管理，已经成为各国及国际金融监管制度发展的一个重要趋势。

由此可见，混业经营和金融监管存在辩证的关系，即互相促进，并互为发展的动力。为开拓市场而进行的混业经营活动是一个动态的、持续的过程，并且与金融监管活动在不断博弈中向前推进，即存在"监管—创新—再监管—再创新"的循环。

第二节　监管的最优合约：一个道德风险模型[①]

在本节中，将暂时屏蔽掉国家财政担保和隐性存款保险这一我国银行业的制度背景，重点分析实施有效的金融监管的最优政策组合。受到霍姆斯特（Holmstrom）和泰勒尔（Tirole）模型的启发，构造一个分析银行在贷款项目监督上的道德风险模型，其中将银行视为一个为若干存款人监督贷款项目的代理人。模型中，监管者可以选择资本充足率监管和存款保险两种监管手段，

---

① 本章核心内容发表于《金融研究》2005年第9期《混业经营模式下的有效金融监管组织体系研究》。

同时监管者和银行的博弈存在两个阶段（$t = 1,2$）。银行通过从公众中吸纳数量为 D 的存款，并且与银行自有资本 E 一起借给贷款人。银行的放贷数量记为 L。同时，在政府的存款保险下，银行监管者将对银行收取存款保险的保费。故银行在时期 1 的预算约束为：

$$D + E = L + P$$

其中，P 是存款保险费率。假设贷款技术是规模报酬不变的，服从两点分布：当项目成功时，每单位贷款银行收益为 R；失败时，每单位贷款银行收益为 0。监管者和银行都是风险中立且两阶段间不存在贴现。因此，监管者的银行监管行为就可以视为与银行间订立合约。这个合约要明确贷款数量 L，银行可以吸纳的存款数量 D，存款保险费率 P，以及资本约束下贷款中银行自有资本的数量 E。

对银行的经营行为，我们有以下三点假设：第一，$L > D$，代表银行的部分贷款来自于存款。第二，假设银行贷款的质量受到银行经营行为的影响。当银行监督贷款的时候，贷款项目取得收益 R 的概率为 p；当银行不监督贷款的时候，取得收益 R 的概率为 $p - p'$。p,p' 均大于 0。同时，若不监督贷款，银行得到的等价货币收益为 B。由此假设表明，银行的经营存在道德风险的诱因。第三，银行每单位资产存在额外的社会价值 $v \geq 0$，这是由于银行行为对支付系统等正的外部性。

对以上的模型参数，我们进一步假设符合以下关系：

假设 1：$(p - p')R + B + v < 1 < pR + v$

这个假设表明只有银行对贷款进行监督的时候，贷款项目才会产生正的社会福利剩余。特别有 $R > \dfrac{B}{p'}$。

假设 2：$p\left(R - \dfrac{B}{p'}\right) < 1$

这个假设表明银行需要自有资本。若这个假设不成立，那么银行的贷款项目将 100% 地借助存款融资。

最优的监管合约（L^*, D^*）必须是在存款保险公平条件和银行监管贷款激励相容条件下最大化社会的期望剩余。根据银行在时期 1 的预算方程，得到存款保险公平的充要条件为：$P = D + E - L \geq (1 - p)D$

或者等价于 $L \leq pD + E$

同时，激励相容条件为：$p(RL - D) \geq (p - p')(RL - D) + BL$

或者等价于 $D \leq \left(R - \dfrac{B}{p'}\right)L$

那么，最优监管合约 (L^*, D^*) 就是解下列问题：

$$\max L(pR + v - 1)$$
$$\text{s. t.} \quad L \leqslant pD + E$$
$$D \leqslant (R - \frac{B}{p'})L$$

解出上述最优化问题，得到以下命题成立：

最优的银行监管可以通过以下工具的实施得到：对银行实施资本监管约束，即对银行的贷款要有一定比例的自有资本要求：$L \leqslant \dfrac{E}{k}$，其中 $k = p\dfrac{B}{p'} - (pR - 1) > 0$。

由上面的模型分析，可以得出以下结论：最优的监管合约是适度的，包括保险成本的资本约束要求。

第三节　分业监管博弈模型

我们假设在分业监管模式下，各个细分的金融市场均有不同的部门监管者对其实施监督管理。各个不同的部门监管者既重视所监管市场的稳定，又关心该市场上金融机构运行的效率。部门监管者有权对市场业务规则进行管制以及对市场上的金融机构的业务清偿能力进行审慎监管，主要的监管手段是对金融创新产品进行合规性审查以及对金融机构的业务进行资本要求。

金融控股公司制商业银行（以下简称商业银行或银行）所经营的业务涉及多个细分的金融市场，但在不同的市场上业务均由独立法人资格的子公司分别经营，并接受不同的部门监管者监督。由于分业监管模式下各个不同市场上的部门监管者缺乏沟通和联动，故商业银行在某个市场上的行为不影响另一个市场上部门监管者的决策。进一步假设商业银行的金融创新活动仅限于在各个不同的市场上单独推出创新产品，并且创新收益和成本不具有跨市场的传递性。因此，在分业监管模式下，我们只需在某个代表性的金融市场 M 上，考虑部门监管者 G 的监管决策以及商业银行 B 的金融创新等行为。

设商业银行 B 在时间长度为 1 的期间内持续经营，它在金融市场 M 上的利润 Π 由三部分构成：日常经营收益 R、日常经营成本 V、隐性机会成本 h。

日常经营收益 R 是银行 B 在金融市场 M 上经营持续发生的进项。设银行 B 在经营期内的任何时点 $w \in [0,1]$，均有日常经营收益 $R(w)$ 发生。设当银行 B 没有在金融市场 M 上推出金融创新产品时，$R(w) = R^L$；当在市场 M 上成功推出金融创新产品后，$R(w) = R^H$。其中 R^L 与 R^H 是常数，并且 $R^L < R^H$。

日常经营成本 V 是银行 B 在金融市场 M 上经营持续发生的出项。设银行 B 在经营期内的任何时点 $w \in [0,1]$ 均有日常经营成本 $V(w)$ 发生。设当银行 B 没有在金融市场 M 上推出金融创新产品时，$V(w) = c$，其中 c 为恒定的常数；当在市场 M 上推出金融创新产品后，$V(w) = g(t)$，其中 $g(t)$ 是关于金融创新产品推出后的时间 t 的线性递减函数，反映了金融创新产品推出后使得银行 B 在市场 M 上的日常经营成本逐渐下降的"学习曲线"效应。我们设 $g(t)$ 具有如下形式：

$$g(t) = c' - at$$

其中，$c' > c$，即考虑到创新产品研发成本分摊到产品上市后经营期内，创新产品推出之初的经营成本高于未推出金融创新产品时的经营成本；$a > 0$，即日常经营成本将随时间推移下降；$c' > a$，即创新产品推出后任何时刻日常经营成本均大于 0；$2c' - a < 2c$，即创新产品在经营期一开始就推向市场时的平均经营成本将低于不进行金融创新时的平均经营成本。

隐性机会成本 h 是由于市场 M 上的部门监管者 G 对银行 B 的资本要求 β 而引致的成本。因为资本要求 β 限制了银行 B 自有资本的投资机会，同时银行 B 的自有资本又具有筹资成本，所以资本要求 β 越高，由此引致的隐性机会成本 h 也就越大。我们设 $h(\beta)$ 在银行 B 经营期内恒定不变，并是对 β 的一阶可微不减函数，且恒大于 0，即 $\partial h / \partial \beta \geq 0$ 且 $\min[h(\beta)] > 0$。为了后面的讨论方便，我们这里设当 $\beta = \underline{\beta}$ 时，h 取得最小值 $h_{\min}$。

部门监管者 G 在对银行 B 监管过程中的支付函数 U 由三部分构成：银行 B 在金融市场 M 上获取的利润 Π、危机清理成本 S、金融创新产生的社会福利净增加额 I。

银行 B 在市场 M 上的利润 Π 反映了部门监管者 G 在监管中对效率的考虑。当银行 B 在市场 M 上经营所获取的利润越大，社会福利水平也越高，G 的支付也越大。

危机清理成本 S 反映了部门监管者 G 对市场 M 稳定的考虑。设 G 的危机清理成本 S 与银行 B 在市场 M 上经营危机发生的概率呈正相关性；同时，由于高的资本要求 β 保证了银行 B 在市场 M 上所经营业务的清偿性和流动性，并且也限制了银行 B 在项目选择中的高风险行为，从而降低了银行 B 在市场 M 上经营危机发生的概率。因此假定危机清理成本 $S(\beta)$ 是对 β 的一阶可微不增函数，并恒大于 0，即 $\partial S/\partial \beta \le 0$ 且 $\min[S(\beta)] > 0$。当 $\beta = \underline{\beta}$ 时，由于银行 B 在市场 M 上所经营的业务缺乏资本约束，并且可能在资产选择中偏好高风险项目，因此这时危机发生概率是很高的，G 的危机清理成本也是很高的。为研究方便，我们设 $S(\underline{\beta})$ 是个很大的正数。

金融创新产生的社会福利净增加额 I 反映了银行 B 金融创新正的外部性。若银行 B 成功开展金融创新，社会净福利增加 I，这当然也增加了 G 的支付。

在分业监管模式下，部门监管者 G 与银行 B 的博弈过程可以用以下四期序贯博弈描述：

G 决定是否对 B 采取直接管制（创新产品合规性审查和强制资本要求）的监管方式。

B 决定是否在市场 M 上开展金融创新，推出新的金融产品。另外，当 G 在时期 1 决定不直接管制时，B 在此期自行选择资本要求 β，并且时期 3 不存在。

当选择直接管制时，G 在此期强制 B 执行资本要求 β^*。另外，若 B 在时期 2 提出金融创新申请，选择直接管制的 G 将进行审批，将新产品上市的时点拖延到 T（T 在本书讨论中是外生的）。在 $w \in [0, T]$ 时，B 按没有推出金融创新产品时经营。在 $w = 1$ 时，G 动用社会公共资源 $S(\beta)$，清理 B 在市场 M 上的经营危机和风险。用逆向归纳法求解上述博弈子博弈精炼均衡：

时期 3（G 决策）：当 B 在时期 2 选择了金融创新时，G 的支付函数为：

$$U(\beta) = I - S(\beta) + \left\{ \int_0^T (R^L - c)\, dw + \int_T^1 [R^H - g(w - T)]\, dw - h(\beta) \right\}$$

当 B 在时期 2 不选择金融创新时，G 的支付函数为：

$$U(\beta) = -S(\beta) + \left[\int_0^1 (R^L - c)\, dw - h(\beta) \right]$$

无论 B 在时期 2 是否选择金融创新，G 选择 β^* 极大化其支付函数的问题均可以简化为：

$$\max_\beta [-S(\beta) - h(\beta)]$$

故 G 选择的最优 β^* 水平满足一阶条件：

$$S'(\beta^*) + h'(\beta^*) = 0 \tag{7.1}$$

时期 2（B 决策）分为以下两种情况讨论：

（1）当 G 在时期 1 选择了直接管制时，B 在此期只选择是否进行金融创新。B 若选择金融创新，利润为：

$$\Pi_1 = \int_0^T (R^L - c)\,dw + \int_T^1 [R^H - g(w - T)]\,dw - h(\beta^*)$$

B 若不选择金融创新，利润为：

$$\Pi_2 = \int_0^1 (R^L - c)\,dw - h(\beta^*)$$

故当 $\Pi_1 > \Pi_2$，即 $R^H - R^L > (c' - c) - \dfrac{a}{2}(1 - T)$ 时，B 选择金融创新；

当 $\Pi_1 < \Pi_2$，即 $R^H - R^L < (c' - c) - \dfrac{a}{2}(1 - T)$ 时，B 不选择金融创新。

（2）当 G 在时期 1 不选择直接管制时，B 在此期既要选择是否进行金融创新，又要自行选择 β 水平。B 若选择金融创新，最大利润为：

$$\Pi_1 = \max_\beta \left\{ \int_0^1 [R^H - g(w)]\,dw - h(\beta) \right\}$$

B 若不选择金融创新，最大利润为：

$$\Pi_2 = \max_\beta \left[\int_0^1 (R^L - c)\,dw - h(\beta) \right]$$

因为 $2c' - a < 2c$（金融创新时 B 的平均经营成本低于不金融创新时的平均经营成本），并且 $R^L < R^H$（金融创新时 B 日常经营收益较高），所以 $\Pi_1 > \Pi_2$，故 B 选择金融创新。同时，B 选择最优的 β 水平就是解下列最优化问题：

$$\max_\beta \left\{ \int_0^1 [R^H - g(w)]\,dw - h(\beta) \right\} \qquad 即\ \min_\beta h(\beta)$$

因此，B 为获取最小的隐性机会成本 $h_{\min}$，将令 $\beta = \underline{\beta}$。

时期 1（G 决策）分为以下两种情况讨论：

（1）当 $R^H - R^L > (c' - c) - \dfrac{a}{2}(1 - T)$ 时，无论 G 是否选择直接管制，B 在时期 2 总是选择金融创新。G 若选择直接管制，所得支付为：

$$U_1 = I - S(\beta^*) + \left\{ \int_0^T (R^L - c)\,dw + \int_T^1 [R^H - g(w - T)]\,dw - h(\beta^*) \right\}$$

G 若选择不直接管制，所得支付为：

$$U_2 = I - S(\underline{\beta}) + \left\{ \int_0^1 [R^H - g(w)]\,dw - h(\underline{\beta}) \right\}$$

因为前面假设 $S(\underline{\beta})$ 是个很大的正数，所以 $U_1 > U_2$，故 G 将选择直接管制。

（2）当 $R^H - R^L < (c' - c) - \dfrac{a}{2}(1 - T)$ 时，只有 G 决定不直接管制时，B 才在时期 2 选择金融创新；否则 B 将不选择金融创新。G 若选择直接管制时，所得支付为：

$$U_1 = -S(\beta^*) + \left[\int_0^1 (R^L - c)\,dw - h(\beta^*) \right]$$

G 若选择不直接管制时，所获支付为：

$$U_2 = I - S(\underline{\beta}) + \left\{ \int_0^1 [R^H - g(w)]\,dw - h(\underline{\beta}) \right\}$$

因为前面假设 $S(\underline{\beta})$ 是个很大的正数，所以 $U_1 > U_2$，故 G 将选择直接管制。

根据以上求得的分业监管博弈模型的唯一子博弈精炼均衡，我们得到命题 1 成立。

命题 1：在分业监管模式下，部门监管者选择直接管制的监管方式，对创新产品进行合规性审查并强制金融控股公司制商业银行执行资本要求 β^*。当 $R^H - R^L > (c' - c) - \dfrac{a}{2}(1 - T)$ 时，商业银行选择金融创新；当 $R^H - R^L < (c' - c) - \dfrac{a}{2}(1 - T)$ 时，商业银行不选择金融创新。

当金融监管组织体系依循按部门划分的分业监管模式时，由于各个不同的部门监管者缺乏信息共享和行动的一致性，金融控股公司制商业银行虽然业务涉及多个金融市场，但是在金融创新以及资本拨备等决策时不会通盘考虑在所有金融市场上的利益得失。因此，部门监管者和商业银行都只在单个市场上的一阶段博弈中考虑各自的决策行为。其博弈均衡根据命题 1，各个部门监管者都将选择直接管制的监管方式，对所有创新产品进行合规性审查，强制银行执行其规定的资本要求，从而增加了金融监管的社会成本；而商业银行当创新产品研发成本很高（导致 c' 很大），面临的审查周期很长（导致 T 很大）时，则倾向于不选择金融创新，使得银行利润和社会福利都发生了损失。由此可见，在分业监管模式下，各个金融部门监管者对所监管范围内的市场风险过于谨慎，对金融机构干预过多，对市场业务监管过"死"；而商业银行由于缺乏金融创新经验，创新产品研发成本居高不下，同时又需要背负沉重的创新产品审查成本，致使金融创新乏力。

第四节　混业监管重复博弈模型

在混业监管模式下，我们假设统一金融监管者的监管目标是整个金融体系的稳定与效率，并对所有金融市场联合监督、统一管理。那么，统一监管者在某一金融市场或某一阶段中观察到的商业银行行为会影响其在另一金融市场或另一阶段的监管决策；而金融控股公司制商业银行在若干阶段经营，涉及多个金融市场，由于当期金融创新和资本拨备等行为可能影响下期利润，所以在博弈决策时会通盘考虑所有金融市场及经营阶段上的利润。

设存在无限个经营阶段 $t = 1, 2, \cdots$，每一阶段持续的时间长度均为 1，阶段间的贴现因子为 δ。贴现因子 δ 在本模型中可以理解为统一金融监管约束的程度，即各个监管实体间信息共享、监管联动的程度。假设第 t 阶段，商业银行 B 只在金融市场 M_t 上推出金融创新产品，在市场 M_t 上经营的成本和收益定义同分业监管博弈模型。进一步假设商业银行 B 在第 t 阶段的金融创新活动不影响 t 以后各阶段的成本和收益，即创新成本收益不具有跨市场、跨时期的继承性。统一监管者 J 在第 t 阶段对市场 M_t 实施监管的支付函数定义同分业监管博弈模型。每一阶段博弈的过程同上述分业监管博弈，第 t 阶段有关各博弈方行为、支付的所有信息在 t 以后阶段均成为共同知识。

根据无名氏定理（folk theorem），无限次重复博弈存在诸多的子博弈精炼均衡，例如博弈结果可以是在均衡路径上统一监管者 J 和银行 B "合作"与"不合作"交叉出现。但我们这里只考虑两类纯战略子博弈精炼均衡：全是"不合作"的均衡以及全是"合作"的均衡。

根据命题 1，"不合作"是分业监管博弈的均衡结果，所以将这个结果重复无限次仍可能是无限次重复博弈的均衡结果。考虑以下战略组合：统一监管者 J 总是选择直接管制，并把 β 设定为 β^*。银行 B 在统一监管者 J 不选择直接管制时，选择金融创新，并把 β 设定为 $\underline{\beta}$；在统一监管者 J 选择直接管制时，若 $R^H - R^L > (c' - c) - \dfrac{a}{2}(1 - T)$，银行 B 选择金融创新，若 $R^H - R^L < (c' - c) - \dfrac{a}{2}(1 - T)$，则不选择金融创新。这对战略组合就构成了在均衡路径上结果为全是"不合作"的子博弈精炼均衡。

下面考虑全是"合作"的均衡。考虑以下"冷酷战略"组合：

统一监管者 J 战略：在第 1 阶段不选择直接管制；以后阶段，例如第 t' 阶段，是否选择直接管制依赖于银行 B 的声誉。银行 B 在第 t' 阶段的声誉是由其在 $t < t'$ 各阶段中自行选择的资本水平 β_t 决定：若 $\beta_t \geqslant \beta^L$，则 J 在第 t' 阶段继续选择不直接管制；若 $\beta_t < \beta^L$，则 J 在第 t' 阶段将对银行 B 直接管制，并把 $\beta_{t'}$ 设定为 β^*。下面给出 β^L 的一种定义：

当 $R^H - R^L > (c' - c) - \dfrac{a}{2}(1 - T)$ 时，β^L 满足下式（2）成立：

$$I - S(\beta^*) + \left\{ \int_0^T (R^L - c)\, dw + \int_T^1 [R^H - g(w - T)]\, dw - h(\beta^*) \right\}$$
$$= I - S(\beta^L) + \left\{ \int_0^1 [R^H - g(w)]\, dw - h(\beta^L) \right\} \qquad (7.2)$$

当 $R^H - R^L < (c' - c) - \dfrac{a}{2}(1 - T)$ 时，β^L 满足下式（3）成立：

$$-S(\beta^*) + \left[\int_0^1 (R^L - c)\, dw - h(\beta^*) \right] = I - S(\beta^L) + \left\{ \int_0^1 [R^H - g(w)]\, dw - h(\beta^L) \right\}$$
$$(7.3)$$

银行 B 战略：若统一监管者 J 选择直接管制，当 $R^H - R^L > (c' - c) - \dfrac{a}{2}(1 - T)$ 时，银行 B 选择金融创新；当 $R^H - R^L < (c' - c) - \dfrac{a}{2}(1 - T)$ 时，银行 B 不选择金融创新。若统一监管者 J 不直接管制，银行 B 总是选择金融创新，并且在第 t' 阶段对 $\beta_{t'}$ 的选择依赖于统一监管者 J 在 $t < t'$ 各阶段中的声誉：若 J 从未直接管制过，则选择 $\beta_{t'} = \beta^L$；否则选择 $\beta_{t'} = \underline{\beta}$。

下面证明上述"冷酷战略"组合可以构成子博弈精炼均衡。这里讨论的混业监管无限次重复博弈的子博弈可以分为两类：均衡路径上的子博弈和非均衡路径上的子博弈。

在非均衡路径上，由上述"冷酷战略"组合构成的均衡不是命题 1 所证的均衡，就是全是"不合作"的均衡，故都能证明是纳什均衡。

在均衡路径上，统一监管者 J 选择不直接管制，同时银行 B 自觉选择金融创新，并把 β 定为 β^L。考虑银行 B 若在第 t' 阶段偏离均衡路径，取 $\beta_{t'} < \beta^L$，则从第 t' 阶段开始的最大利润贴现总额为：

当 $R^H - R^L > (c' - c) - \dfrac{a}{2}(1 - T)$ 时：

$$\Pi(\delta) = \left\{ \int_0^1 [R^H - g(w)]\, dw - h(\underline{\beta}) \right\} + (\delta + \delta^2 + \cdots) \left\{ \int_0^T (R^L - c)\, dw + \right.$$

$$\int_T^1 [R^H - g(w - T)]dw - h(\beta^*)\}$$

当 $R^H - R^L < (c' - c) - \dfrac{a}{2}(1 - T)$ 时：

$$\Pi(\delta) = \left\{\int_0^1 [R^H - g(w)]dw - h(\underline{\beta})\right\} + (\delta + \delta^2 + \cdots)\left[\int_0^1 (R^L - c)dw - h(\beta^*)\right]$$

而银行 B 在第 t' 阶段若不偏离均衡路径，仍取 $\beta_{t'} = \beta^L$，则从第 t' 阶段开始的利润贴现总额为：

$$\Pi^*(\delta) = (1 + \delta + \delta^2 + \cdots)\left\{\int_0^1 [R^H - g(w)]dw - h(\beta^L)\right\}$$

当 $\Pi(\delta) \leqslant \Pi^*(\delta)$ 时，银行 B 没有偏离均衡路径的动机，解出临界 δ^* 满足下式：

$$\Pi(\delta^*) \leqslant \Pi^*(\delta) \tag{7.4}$$

故 $\exists \delta^* \in (0,1)$，使对于 $\forall \delta \in [\delta^*, 1)$，银行 B 没有偏离均衡路径的动机。

现在考虑统一监管者 J 是否有偏离均衡路径的动机。根据等式（7.2）和等式（7.3）的定义可知，以上定义的 β^L 是统一监管者 J 在每一阶段中选择直接管制与不直接管制支付相等的临界资本要求。当在 $t < t'$ 各阶段银行 B 的声誉"良好"时，政府在第 t' 阶段选择偏离均衡路径后各阶段的支付与不偏离均衡路径时都是相同的，故政府 G 没有偏离均衡路径的动机。

由此证明，上述"冷酷战略"组合构成子博弈精炼均衡，进而得到命题 2 成立。

命题 2：在混业监管模式下，当统一监管者 J 与金融控股公司制商业银行 B 均采取"冷酷战略"时，$\exists \delta^* \in (0,1)$，对于 $\forall \delta \in [\delta^*, 1)$，"合作"均衡均存在的。

对上述构建的"冷酷战略"均衡仔细观察不难发现，统一监管者 J 在采取上述"冷酷战略"达到"合作"均衡时，支付水平与"不合作"均衡时相比没有任何提高；而银行 B 在采用上述"冷酷战略"达到"合作"均衡时，若 $\delta > \delta^*$，利润水平与"不合作"均衡时相比有了明显提高。银行 B 利润增长的源泉来自于其开展了金融创新活动，避开了冗长的合规性审批周期，并且降低了资本要求所引致的过高隐性机会成本。因此，"合作"均衡是对"不合作"均衡的帕累托改进。

但是，上述"冷酷战略"组合产生的帕累托改进对社会福利分配是不对称的：银行 B 独享了"合作"的收益，而统一监管者 J 的支付没有任何提高。因此，这样的"合作"均衡是比较脆弱的。不难发现，导致这样不对称的福利分配的原因是上述 β^L 的定义。为进一步说明方便，我们把等式（7.2）与等式（7.3）定义的 β^L 记为 $\beta^L_{\min}$，而 β^L 指统一监管者 J"冷酷战略"触发的临界资本充足率水平。当 $\beta^L > \beta^L_{\min}$ 时，统一监管者 J 在"合作"中将获得正的支付增量；同时由于更高的 β^L 水平引致了银行 B 更高的隐性机会成本，故银行 B 通过"合作"获取的利润增量将减少。当 $\beta^L = \beta^*$ 时，统一监管者 J 独享了所有"合作"的收益。由此可见，不同的 β^L 产生了不同的"冷酷战略"组合、不同的"合作"均衡结果以及不同的临界 δ^* 取值。因此，在混业监管重复博弈中，"合作"均衡是不唯一的。进而得到命题 3 成立。

命题 3：在混业监管模式下，对于 $\forall \beta^L \in [\beta^L_{\min}, \beta^*]$，均 $\exists \delta^* \in (0,1)$，以及存在相应的"冷酷战略"组合，对于 $\forall \delta \in [\delta^*, 1)$，"合作"均衡都是存在的。

本章小结

以金融混业集团主导下的金融混业趋势凸显了对金融监管各实体间信息共享、合作和增加一致性的需要。建立混业监管模式，有利于打造统一的金融监管约束，防止金融控股公司、金融混业集团等在局部市场经营中的短视投机行为。混业监管模式有利于引导这些金融机构在业务经营中进行自我约束，金融监管当局也无须对金融市场及金融机构过多管制监察，从而节约了金融监管的成本，并且保障了金融机构的业务清偿能力，维护了金融市场的经营秩序，控制了金融体系的系统风险。混业监管模式还为金融机构开展金融创新提供了宽松的制度环境，为正确引导金融机构混业经营提供了条件，促进了金融体系运行效率的提高。

有效的混业监管模式，还必须要有统一明确的目标导向。金融监管当局应该明确其监管目标，从整个金融体系的全局出发，权衡系统的稳定与效率。在统一支付函数的支配下，保持监管政策的稳定性和一致性。有效混业监管必然要求监管政策要具有内在的稳定性，以对金融机构造成"冷酷战略一旦触发，后果不堪设想"的置信威胁。同时，有效混业监管要求监管行动在各个金融市场上保持一致性，形成联动机制，从而消除金融机构局部市场投机行为诱因，防范金融风险。

第八章　资本监管与风险实证研究

第一节　引　言

加入 WTO 后，随着我国金融市场的对外开放和金融脱媒的演进，金融业原有的市场格局被打破，市场竞争越来越激烈，基于这种严酷的现实情况，各家金融机构都纷纷通过金融创新或构建金融控股（集团）公司从事混业经营寻求自己的新的发展空间。自 1998 年初到 2006 年底，我国已经发展成立的有一定影响的金融混业集团近 60 家，从事混业经营的金融混业集团也正在发展成为影响我国金融业市场格局的主要力量。面对我国金融分业监管的现实，为吸取德隆、广东信托公司的金融监管失败的教训，加强对混业经营的金融混业集团的监管与风险的预先控制，推动和促进我国混业经营的金融混业集团的健康发展，在当前和今后一段时间里显得尤为必要和迫切。按照巴塞尔新资本协议的规定，金融监管的三大监管要素为：最低资本标准、监管检查和市场约束。在我国，由于金融业管理体制及治理结构不合理，金融业经营透明度不高，信息披露不完全，使得监管检查、市场约束对金融业的监管有效性很难发挥作用。为此，我国金融管理当局从 1996 年开始对我国金融业监管的现实情况进行分析后，就借鉴巴塞尔新、旧资本协议的最低资本标准制度框架开始重点实施对我国金融业的资本监管。从 2004 年初银监会发布《商业银行资本充足率管理办法》到金融管理当局历经八次调高存款准备金率以来，标志着当前对金融业实施金融监管的主要手段仍然是以资本监管为主。根据我国金融业的客观现实，实施资本监管对我国金融业的资本约束机制发挥了重要作用，特别是对国有金融公司资本约束意识明显增强，都纷纷采取各种对策诸如通过财政、外汇注资、IPO 包装上市、发行长期次级债券以及增资扩股等方式补充资本。到 2006 年年末，我国资本充足率达到 8% 的银行已达 80%，这说明实施资本监管有力地促进了我国金融业资本的提升。问题在于：加强对我国金融业资本的监管，虽然能够提升金融业的资本，但是资本的提高是否真正能够降低我国金融业的风险？特别是对混业经营的金融混业集团的资本监管是否真正能够降低组合风险？目前，针对上述问题，国内外许多学者从不同角度针对其进行了研究。桑托斯认为，当资本要求提高时，银行会根据自有资本的融资成本和机会成本调整为企业融资的合约，这样的调整会使得工商企业降低经营风险，反过来也降低了银行由于资不抵债而倒闭的风险。① 丹格勒和利汉在连续时间金融的框架下提出了银行资产选择模型，并提出资本充足率监管有利于更好地控制银行的资产组合的选择，避免过度风险行为，同时认为资本充足率监管和政府日常性审查作为《新巴塞尔协议》的头两大支柱具有很好的互补性。德坎普斯、罗奇和罗杰（2004）讨论资本充足率监管同市场力量约束的关系，即《新巴塞尔协议》中第一支柱和第三支柱在防范银行道德风险问题中的联系问题进行了研究，他们认为资本监管应该同市场约束相互结合进行金融监管。针对这一类问题，国内学者张杰（2005）研究提出了资本监管与软约束的问题。刘晓星（2006）在科莫（Cuomo）等人的研究基础上，分析了动态条件下银行监管当局的力度越大，客观上会促使银行有更多的资本要求。蒲勇健（2004）运用博弈论方法研究认为，银行可以预先承诺资本充足量水平，监管当局则根据承诺的水平设计惩罚和奖励措施，并不再对银行进行日常的资本充足监管理。邹平、王鹏、许培（2005）在借鉴了马克·J.弗兰纳里和卡斯图瑞普的研究结论后，结合中国的实际情况研究认为，银行固定资产比率和固定资产增长率指标也是影响资本充足率的因素。黄宪、马理、代军勋（2005）对资本监管下的银行信贷偏好选择进行了论述和实证分析，他们认为，在巴塞尔协议下的资本监管会降低银行信贷偏好，改变信贷行为，导致信用紧缩，特别会造成对中小企业的贷款明显减少，恶化中小企业的融资环境。吴栋、周建平（2006）对我国银行的资本监管与商业银行的行为进行了实证研究，发现最低资本监管能够显著地降低我国银行业的风险水平，但是不能够显著地提高银行资本。从这些学者的研究文献看，只有国外的学者主要就国外的金融业的资本监管与风险关系进行了实证研究，而国内学者主要是从理论上对这些问题作论述，但从实证的角度对我国金融业特别是对混业经营的金融混业集

---

① 本章核心内容发表于《中国软科学》2007 年第 8 期《金融混业集团主导下的银行资本监管与风险实证分析》。

团的资本监管与风险关系问题的研究还没有从经验的角度给予很好的回答。因此，本章研究的主要目的是在国内外学者研究文献的基础上，利用我国国有银行、股份制银行、混业经营的金融混业集团三类金融业的面板数据通过建立混合回归模型、个体固定效应回归模型实证分析我国金融业特别是混业经营的金融混业集团资本与风险的关系。本章的研究不仅可以丰富有关金融业资本监管与风险关系研究的文献，而且可以根据我国国有银行、股份制银行、混业经营的金融混业集团的资本状况，具体研究我国金融业资本的变化与风险的关系，科学地把握三大类金融业特别是混业经营的金融混业集团资本与风险的关系，以寻求降低我国金融业特别是混业经营的金融混业集团风险的资本监管规律。

第二节　样本选取和指标确定及数据采集

样本选取、指标确定及数据采集是进行实证分析的首要环节，应遵循全面性、系统性、科学性的原则。为了更好地分析金融业的资本监管与风险的关系，我们选取的样本包括三类金融业，即国有银行、股份制银行和混业经营的金融混业集团。具体样本为：国有银行样本为工商银行、农业银行、中国银行、建设银行；股份制银行样本为华夏银行、深发展银行、民生银行、招商银行；根据金融混业集团的界定标准混业经营的金融混业集团样本为中信集团、光大集团、中国平安集团、中国人保集团。① 为了正确全面的分析资本监管与风险的关系，在被解释变量方面，选取了资本资产率和风险资产率指标用来分别考察资本变化与风险的大小。在解释变量选取上，选取金融公司总资产、总资产增长率、总资产净收益率、存款资产率以及不良贷款指标。为反映资本监管要求，在本书中将采用雅克杰克奎斯和尼格罗（1997）的方法在自变量中设一个资本监管要求哑元变量指标来分析资本监管要求对金融业风险的影响。另外，为了分类分析股权结构和混业经营的金融公司资本与风险的关系，在本书中还用了两类哑元变量来分析：一类是用来区分公司股权结构的，设国有银行为1，其他非国有银行为0；另一类是用来区分是

---

① 中国人保集团因为只有资产管理和保险业务，指标数据来源于人保集团的统计报表并经过作者处理。

否为混业经营的金融混业集团的，设混业经营的公司为1，非混业经营的金融混业集团为0。具体变量指标如表8.1所示。数据采集为2002～2006年共五年的上述三大类共12家金融公司的60组面板数据。[①]

表8.1　变量指标含义及其符号

变量符号	变量名称	变量含义
CCR	资本资产率	为金融公司总的权益资本加损益（金融公司净资产）/金融公司的风险加权资产
RCR	风险资产率	为本期金融公司的风险加权资产/金融公司总资产
FTA	金融公司总资产	金融公司总资产指存款加权益资本加损益加（减）金融市场净头寸
ROA	总资产净收益率	为净损益/总资产
DCR	存款资产率	为存款存量/总资产
NRL	不良贷款	为样本个体不良贷款总量
RDV	监管要求哑元变量	当资本 <8% 时，RDV = （1/实际资本资产率）- （1/8%）；当资本 >8% 时，RDV = 0
STV	股权结构哑元变量	国有公司 STV = 1；其他非国有公司 = 0
BHC	混业经营的金融混业集团哑元变量	混业经营的金融混业集团 BHC = 1；其余 BHC = 0

第三节　研究假设和模型设置

一、研究假设

为了科学地分析我国国有银行、股份制银行、混业经营的金融混业集团三类金融业的资本监管与风险的关系，本章研究的基本假设有三点：

第一，资本监管要求对金融资本的提高存在正向的促进作用。监管资本要求是指金融混业集团根据监管当局关于合格资本的法规与指引发行的所有合格的资本比例工具。监管资本主要包括核心资本和附属资本两部分。其中

---

① 绝大多数数据来源于2002～2006年的中国人民银行的金融统计资料，2006年的数据和其他指标来源各样本金融公司。交通银行由于数据缺省没有纳入样本。

核心资本包括实收资本或普通股、资本公积、盈余公积、未分配利润和少数股权等。附属资本包括重估准备、一般准备、优先股、可转换债券和长期次级债券等，因此，根据金融业现状，需要检验资本监管要求提高是否存在对金融资本的正向激励作用。

第二，资本监管要求提高与金融业风险的降低存在正相关关系。资本是一家银行赖以生存的基础，从 1988 年的老资本协议到 2004 年 6 月公布的新资本协议，巴塞尔委员会一直在努力使银行的资本能更加敏感地反映经营过程中面对的风险，简而言之就是有多大资本就做多大业务。监管资本非常宝贵，能算做监管资本的无非是股东权益、公开储备、未公开储备、重估储备、一般准备金、混合债务资本工具、次级债等。由于银行的业务是动态不断发展的过程，银行的资产随着风险的变化，其风险加权总量也是不断变化的，而监管资本在一个阶段内却是静态的，这样，就可能造成一个时点上资本充足，但一段时间后随着风险加权资产的扩大，由资本充足变为资本不充足的状况。这时就需要银行及时补充资本，而银行补充资本的渠道除了自身利润积累外，就只能依靠股票筹资或发行次级债务筹资。我国实施资本监管是否能够促使已达到最低监管要求的金融机构提高资本充足率和降低银行风险是一个需要从实证角度来回答的问题。

第三，资本监管要求提高与金融业风险的变化在国有银行、股份制银行、混业经营的金融混业集团方面存在个体差异。若从实证角度研究角度发现资本监管要求提高与金融业风险的降低存在正相关关系，则需要进一步验证资本监管要求提高在国有银行、股份制银行、混业经营的金融混业集团之间表现的个体差异情况。是否存在对于达不到监管要求的金融机构，实施资本监管并不能促使其提高资本充足率和降低风险水平，反而会更加促使这些金融机构去从事高风险项目。如果金融机构存在反向行为，该假设的主要目的是解释实施银行资本监管不是金融机构风险降低的原因。

二、模型设置

为了从总体和个体上把握我国国有银行、股份制银行、混业经营的金融混业集团的资本与风险的变化，具体分析我国金融业资本监管与风险衡量的个体差异，本章将分别用混合回归模型（Pooled Model）、固定效应回归模型中的个体固定效应回归模型（Entity Fixed Effects Regression Model）对我国金融业的资本与风险变化进行研究。

1. 混合回归模型（Pooled Model）

混合回归模型的面板数据模型定义为：

$$y_{it} = \alpha + X_{it}'\beta + \varepsilon_{it} \qquad (i = 1,\ 2,\ \cdots,\ N;\ t = 1,\ 2,\ \cdots,\ T)$$

其中，i 对应面板数据中不同个体；N 表示面板数据中含有 N 个个体；t 对应面板数据中不同时点；T 表示时间序列的最大长度；y_{it} 为被解释变量（标量）；α 表示截距项；X_{it} 为 k 的 1 阶解释变量列向量（包括 k 个回归量）；β 为 k_{x1} 阶回归系数列向量；ε_{it} 为误差项（标量）。混合回归模型的特点是无论对任何个体和截面，回归系数 α 和 β 都相同。可以反映变量之间的总体关系。

2. 个体固定效应回归模型（Entity Fixed Effects Regression Model）

个体固定效应回归模型的面板数据模型定义为：

$$y_{it} = \alpha_i + X_{it}'\beta + \varepsilon_{it} \qquad (i = 1,\ 2,\ \cdots,\ N;\ t = 1,\ 2,\ \cdots,\ T)$$

其中，α_i 是随机变量，表示对于 i 个个体有 i 个不同的截距项，且其变化与 X_{it} 有关系；y_{it}、ε_{it}、X_i、β 含义同上，α_i 作为随机变量描述不同个体建立的模型间的差异。因为 α_i 是不可观测的，且与可观测的解释变量 X_{it} 的变化相联系。根据研究的目的需要对如下两组联立方程形式进行估计：

$$CCR_{it} = \beta_0 + \beta_1 RCR_{it} + \beta_2 \log FTA_{it} + \beta_3 ROA_{it} + \beta_4 DCR_{it} + \beta_5 \log NRL_{it} +$$
$$\beta_6 RDV_{it} + \beta_7 STV_{it} + \beta_8 BHC_{it} + \varepsilon_{it}$$

其中，$i = 1,\ 2,\ \cdots,\ N;\ t = 1,\ 2,\ \cdots,\ T$，$\beta_0$ 有混合回归模型和个体固定效应回归模型两种形式。

$$RCR = \beta_9 + \beta_{10} CCR + \beta_{11} \log FTA_{it} + \beta_{12} DCR_{it} + \beta_{13} \log NRL_{it} + \beta_{14} RDV_{it}$$
$$+ \beta_{15} STV_{it} + \beta_{16} BHC_{it} + \varepsilon_{it}$$

其中，$i = 1,\ 2,\ \cdots,\ N;\ t = 1,\ 2,\ \cdots,\ T$，$\beta_9$ 有混合回归模型和个体固定效应回归模型两种形式。

第四节 实证分析结果及结论建议

对面板数据进行 Levin，Lin Chu 单位根检验后，① 利用 EViews 5.0 分别采用混合回归模型、个体固定效应回归模型估计的模型参数结果，如表 8.2 所示。从表 8.2 可以看出：方程的拟合优度 R_2 达到 80% 以上，表明方程的解释能力强。D - W 值大多数在 2 左右，表明解释变量之间不存在明显的相关性，另外，F 统计量均通过检验，说明模型可靠性比较强。

---

① Statistic 和 Prob 数值均由 Levin，Lin&Chut 方法得出，存在单位根。

表 8.2　估计的联立方程组模型参数结果

变　量	CCR		RCR	
参　数	混合回归 模型	个体固定效应 回归模型	混合回归 模型	个体固定效应 回归模型
β_0（β_9）	0.044 (5.79)*	—	-0.003 (17.97)*	—
CCR	—	—	0.0264 (1.36)***	0.0187 (1.16)
RCR	0.253 (2.48)*	0.159 (1.91)**	—	—
logFTA	-0.172 (3.05)*	-0.152 (2.31)*	-0.0121 (1.65)***	-0.0103 (1.62)**
ROA	0.020 (1.67)***	0.013 (2.86)*	—	—
DCR	-0.291 (16.43)*	-0.167 (2.01)**	-0.042 (4.67)*	-0.037 (4.08)*
logNRL	-0.093 (7.37)*	-0.055 (12.95)*	-0.0065 (1.77)***	-0.0051 (1.65)**
RDV	0.0002 (3.62)*	0.00013 (2.11)**	-0.0043 (1.91)**	-0.0021 (1.85)**
STV	0.00041 (1.29)	0.00022 (1.22)	0.0035 (1.29)	0.0028 (1.22)
BHC	-0.0083 (2.02)**	-0.0027 (9.24)*	-0.0005 (1.31)	-0.00027 (1.29)
R_2	0.959	0.967	0.926	0.929
调整后 R_2	0.951	0.957	0.915	0.924
F 统计量	137.2	125.7	31.3	27.5
自相关（DW）检验	2.39	2.22	1.96	1.91

注：括号中的数字为 t 检验值。*，**，*** 分别表示在 1%、5% 和 10% 的显著性水平（下表同）。

由表 8.2 实证模型①表示如下：

$$CCR_{it} = 0.044 + 0.253RCR_{it} - 0.172logFTA_{it} + 0.020ROA_{it} - 0.291DCR_{it}$$
$$- 0.093logNRL_{it} + 0.0002RDV_{it} + 0.00041STV_{it} - 0.0083BHC_{it} + \varepsilon_{it}$$

---

① 这里只写出混合回归模型，个体固定效应回归模型的参数可以见表 8.2。

$$RCR = -0.003 + 0.0264CCR - 0.0121\log FTA_{it} - 0.042DCR_{it}$$
$$- 0.0065\log NRL_{it} - 0.0043RDV_{it} + 0.0035STV_{it} - 0.0005BHC_{it} + \varepsilon_{it}$$

对于金融资本变量 CCR 来说，从表 8.2 和实证模型表达式可以看出：

（1）风险资产的比率、监管要求哑元变量指标都对资本的变化产生显著的、正的影响。从上述可知：当风险资产的比率每提高（降低）1 个单位时，资本的变化是同方向提高（降低）0.25 个单位。导致风险水平这种变化可以用银行缓冲理论解释，银行缓冲理论认为，对资本不足的银行来说，为了弥补资本金偏好从事高预期收益项目，因而存在高的风险。对于监管要求哑元变量指标来说，当监管要求哑元变量指标提高（降低）一个标准差时，资本的变化是同方向提高（降低）万分之二个百分点。虽然监管要求指标对资本的变化产生了显著的、正的影响，但是对资本不足的银行来说，资本的监管的效果还有待于进一步发挥。

（2）金融公司总资产额、存款资产率、不良贷款变量对资本的变化产生显著的、负的影响。当金融公司总资产额、存款资产率、不良贷款指标每降低（提高）1 个百分点时，资本变化是反方向分别提高（降低）0.17、0.29、0.09 个百分点。金融公司总资产额是反映其公司规模的变量，说明目前在我国规模小的金融公司的资本改变要比规模大的公司容易，规模小的金融公司监管弹性大。另外，由于金融公司存款负债及不良贷款增大了金融公司的风险加权资产比重，这样会引起资本的反方向变化。

（3）混业经营的金融混业集团哑元变量对资本的变化产生不太显著的、负的影响。混业经营的金融混业集团哑元变量指标降低（提高）一个标准差时，资本的变化是反方向提高（降低）万分之二个百分点，这说明目前在我国混业经营的金融混业集团形态因素对资本的变化没有多大影响。从实证结果也可以看出，在我国大力发展金融混业集团对增大我国金融业的风险没有直接关系。

对于风险变量 RCR 来说，从表 8.2 和实证模型表达式可以看出：

（1）金融公司总资产额、存款资产率、不良贷款变量对风险的变化产生较显著的、负的影响。当金融公司总资产额、存款资产率、不良贷款指标每降低（提高）1 个百分点时，风险的变化是反方向分别提高（降低）0.01、0.04、0.0065 个百分点。金融公司总资产额对风险的变化产生较显著的、负的影响，说明规模小的金融公司比大的金融公司容易控制风险。

（2）监管要求哑元变量指标对风险的变化产生负的影响。监管要求指标提高（降低）一个标准差时，风险的变化是同方向提高（降低）万分之四个百分点，从表 8.2 可以看出，监管要求哑元变量指标对风险的变化影响较显著，也就是说，提高监管资本要求，对资本不足金融公司来说，能够起到降低风险水平的作用。

（3）混业经营的金融混业集团哑元变量对风险的变化产生不显著的、负的影响。由这一点可以说明在我国目前混业经营的金融混业集团不多的情况下，混业经营的金融混业集团因素对风险变化没有影响。

通过个体固定效应回归模型，可以得到变量之间作用的效果在样本之间的差异，见表8.3和表8.4。

表 8.3　对于 CCR 解释变量估计的主要模型参数在样本之间的差异

	logFTA	ROA	RDV	BHC
工商银行	−0.09 (2.44)*	0.001 (1.27)***	0.00013 (2.65)*	—
农业银行	−0.101 (1.75)**	—	−0.00009 (1.81)**	—
中国银行	−0.132 (1.51)**	0.0005 (3.12)*	0.00067 (5.78)*	—
建设银行	−0.246 (2.32)*	—	—	—
华夏银行	0.002 −(1.85)**	—	0.0008 (4.13)*	—
深发展银行	−0.02 (2.61)*	0.0011 (1.67)**	—	−0.00056 (1.87)**
民生银行	−0.013 (1.40)***	0.13 (3.77)*	0.0001 (8.26)*	—
招商银行	—	0.012 (1.79)**	0.00047 (1.49)***	−0.00082 (1.89)**
中信集团	—	0.0024 (1.43)**	0.00037 (2.93)*	−0.00093 (2.93)*
光大集团	−0.006 (2.05)*	0.0057 (8.90)*	−0.00017 (1.57)***	0.00027 (2.39)*
平安集团	−0.437 (4.38)*	0.032 (1.87)**	−0.00071 (2.53)*	−0.00062 (3.03)*
人保集团	—	0.025 (2.38)*	—	—

注：不显著的参数已省略。

表 8.4 对于 RCR 解释变量估计的主要模型参数在样本之间的差异

	logFTA	logNRL	RDV	BHC
工商银行	0.007 (1.33)***	—	—	—
农业银行	0.010 (1.75)***	—		
中国银行	0.013 (1.43)***	−0.0087 (1.62)**	—	
建设银行	—			
华夏银行	0.0005 (1.61)**	—	−0.00041 (2.13)**	
深发展银行	—	−0.017 (2.45)*		
民生银行	—			
招商银行	0.0032 (2.66)*	—		
中信集团	—	0.036 (1.88)**	−0.00037 (2.93)*	—
光大集团	0.0054 (1.75)**	—	0.0092 (1.91)**	−0.00027 (1.32)***
平安集团	—	—	0.0067 (3.07)*	—
人保集团	−0.227 (1.69)**	0.025 (2.38)*	−0.00016 (1.09)	—

注：不显著的参数已省略。

由表 8.3 和表 8.4 可以发现，资本与风险的变化存在个体差异。对于 CCR 解释变量估计的主要模型参数来说存在个体差异如下（见表 8.3）：

（1）金融公司总资产额变量在工商银行、农业银行、中国银行、建设银行、华夏银行、深发展银行、民生银行、光大集团、平安集团对资本的变化产生较显著以上水平的、负的影响，而在招商银行、中信集团、人保集团中金融公司总资产额变量对资本的变化不产生影响。

（2）总资产净收益率变量除在农业银行、建设银行、华夏银行中对资本的变化不产生影响外，由表8.3可知，总资产净收益率在其余的样本银行中都会对资本的增加与降低产生影响，但影响效果存在差异。

（3）监管要求哑元变量除在建设银行、深发展银行、人保集团中对资本的变化不产生影响外，在其余样本银行中都产生影响。

（4）混业经营的金融混业集团哑元变量只在深发展银行、招商银行、中信集团、光大集团、平安集团中对资本的变化产生较显著以上水平的、负的影响。

对于风险RCR解释变量估计的主要模型参数来说存在个体差异如下（见表8.4）：

（1）金融公司总资产额变量在工商银行、农业银行、中国银行、华夏银行、招商银行、光大集团中对风险的变化产生较显著以上水平的、正的影响，在人保集团中对风险的变化产生较显著的、负的影响；而在深发展银行、民生银行、招商银行、中信集团、平安集团中对风险的变化不产生影响。

（2）不良贷款变量在中国银行、深发展银行对风险的变化产生较显著的、负的影响，而中信集团、人保集团中对风险的变化产生较显著的、正的影响。根据这个结果，在混业经营的金融混业集团有可能存在风险内部化的问题。

（3）监管要求哑元变量在华夏银行、中信集团、人保集团三家公司中对风险的变化产生较显著的、负的影响，而在光大集团、平安集团中对风险的变化产生较显著的、正的影响。

（4）混业经营的金融混业集团哑元变量只对光大集团的风险的变化产生不太显著的、负的影响。可以认为，混业经营的金融混业集团因素对金融公司风险变化没有影响。

本章小结

本章通过面板数据并采用混合回归模型、个体固定效应回归模型进行了实证研究，通过实证结果可以得到结论：

（1）混业经营的金融混业集团哑元变量对资本的变化产生不太显著的、负的影响。混业经营的金融混业集团哑元变量指标降低（提高）一个标准差时，资本的变化是反方向提高（降低）万分之二个百分点，这说明目前在我国混业经营的金融混业集团形态因素对资本的变化没有多大影响。

（2）混业经营的金融混业集团哑元变量对风险的变化产生不显著的、负的影响。由这一点可以说明在我国目前混业经营的金融混业集团不多的情况下，混业经营的金融混业集团因素对风险变化没有影响。

（3）监管要求哑元变量指标对风险的变化产生负的影响。监管要求指标提高（降低）一个标准差时，风险的变化是同方向提高（降低）万分之四个百分点，表明提高监管资本要求，对资本不足金融公司来说，能够起到降低风险水平的作用。

（4）实证研究发现，资本监管要求提高与金融业风险的变化在不同的金融混业集团中存在个体差异。对于某些金融混业集团来说，资本监管要求的提高，使其降低风险水平并不显著，对这些金融混业集团实证研究发现，存在实施金融混业集团资本监管不是金融混业集团风险降低的原因，存在资本监管在市场化程度较高的某些金融混业集团中失效的现象。

第九章　研究结论

一、主要结论

本书对金融混业集团主导下银行的资本监管问题进行了理论和实证研究，主要结论有：

第一，从实物资本积累和资产净值、银行的最优行为以及考虑资本充足率要求三个方面构建了金融混业集团主导下银行的资本监管理论模型，并建立了资本充足率要求的单期和多期监管模型，研究发现，金融混业集团可以通过自主调整资本与存款组合来增加贷款机会，但是同时也要求金融混业集团必须保持贷款收益和破产危机的平衡。

第二，构建了资本监管对银行投资组合选择的影响模型。通过模型研究发现，如果有较强的流动现金，则违约资本边际概率非常小，风险加权对投资组合决策没有什么影响；如果银行有较少的现金流，违背资本监管要求的可能性相当高，违约资本边际概率很大，风险加权对银行投资决策有很大的影响；在银行倒闭的极端情况下，不管投资组合如何，银行都不可能避免违背资本监管，违约资本边际概率仍然很小，权重对投资组合几乎没有影响。

第三，构建了动态模型，从理论上研究了巴塞尔协议Ⅱ[1][2]的三个支柱（资本充足率要求、监管约束和市场约束）之间的关系。通过引入次级债务市场约束，建立模型研究得到：市场约束（第三支柱）可以降低资本监管要求最小临界值。

第四，通过建立博弈论模型发现：混业监管模式有利于打造统一的金融监管约束，防止金融控股公司、金融混业集团等在局部市场经营中的短视投机行为。混业监管模式有利于引导这些金融机构在业务经营中进行自我约束，

---

[1]　Basel Committee. A New Capital Adequacy Framework [M]. consultative paper issued by the Basel Committee on Banking Supervision (BCBS), Basel, Switzerland, 1999.

[2]　Basel Committee. The New Basel Capital Accord, BCBS [M]. Basel, Switzerland, 2001.

金融监管当局也无须对金融市场及金融机构过多管制监察，从而节约了金融监管的成本，并且保障了金融机构的业务清偿能力，维护了金融市场的经营秩序，控制了金融体系的系统风险。混业监管模式还为金融机构开展金融创新提供了宽松的制度环境，为正确引导金融机构混业经营提供了条件，促进了金融体系运行效率的提高。

第五，利用计量经济学和面板数据，对我国现阶段金融混业集团主导下的银行资本监管与风险进行了实证研究。实证研究发现：混业经营的金融混业集团哑元变量对资本的变化产生不太显著的、负的影响，这说明目前在我国混业经营的金融混业集团形态因素对资本的变化没有多大影响，并从实证结果可以看出，在我国大力发展金融混业集团对增大我国金融业的风险没有直接关系；监管要求哑元变量指标对风险的变化产生负的影响，而监管要求指标提高（降低）一个标准差时，风险的变化是同方向提高（降低）万分之四个百分点，表明提高监管资本要求对资本不足金融公司来说能够起到降低风险水平的作用；混业经营的金融混业集团哑元变量对风险的变化产生不显著的、负的影响，并且由这一点可以说明在我国目前混业经营的金融混业集团经营形式对风险影响不大；实证研究得到资本要求与风险在不同的金融混业集团中存在个体差异。

二、政策建议

第一，发展金融混业集团是我国金融业的现实战略选择。加入世贸组织以后，外资金融机构大举进入，其中很多金融机构是混业经营，综合优势明显。而我国银行、证券和保险机构重复设立营业网点的做法成本很高，竞争的压力必将导致今后几年不同机构营业网点的合并重组。以我国现有分业监管体制管理混业经营的外资机构和交叉代理的中资机构将会面临不少新的矛盾和困难。同时，由于我国金融业在传统的存贷款业务领域没有很大的盈利空间，改善资产质量的压力使政府必须鼓励银行开展中间业务、代理证券和保险，这些措施最终都难以拒绝有条件的混业经营的要求。国外出现的在金融混业集团公司框架下的混业经营模式可能为国内金融机构兼顾效益和安全找到一条途径。此外，保险和社保资金进入资本市场，使得证券业与社保基金和保险业间出现了新的资金流动和风险传递机制。金融混业集团经营有两大类型：一是在同一法人内部实行银行、证券、保险等业务的综合经营，如德国、瑞士、英国等国的制度；二是通过资本的联系，在集团内部实行法人分业、集团综合的经营方式。按照巴塞尔联合论坛的说法，金融控股集团即金融业在集团业务中占主导地位，所属的受监管实体至少明显地从事两种以上的银行、证券和保险业务的集团。在我国，长期看，发展金融混业集团公司是综合经营一种现实的战略选择。

第二，金融混业集团资本监管与风险的权衡必须进行治理结构创新。研究发现，通过包括财政注资、银行上市、发行次级债券及动用外汇储备的途径提高资本，这些方法只能够在一定时期弥补我国金融混业集团的资本充足率的缺口，但是长期中不能够彻底改善风险状况。风险状况的真正改善只能够通过治理结构的真正变革才能做到。为此，我国的金融混业集团要建立合理的内部治理结构，合理划分内部职责和权限，建立严格的授权和审批制度，建立独立的会计及核算体制，建立内部风险评估、监测、预警系统。同时还要充分发挥社会监督的作用。一是发挥社会中介机构的审计监督作用，提高信息披露资产评估的真实性和权威性。二是加强媒体监督，鼓励和利用媒体的曝光功能，进行监督和揭露违规违法及腐败行为。三是发挥投资人、债权人等市场参与者的监督约束作用，包括有效的信息披露。

第三，在我国，目前应该按照巴塞尔协议要求，除了对各个金融混业集团进行资本监管外，还要根据各个金融机构的实际情况尽快建立动态的监管检查和市场约束的金融监管体系，完善资本监管、监管检查和市场约束三大监管体系。通过对金融混业集团实证研究发现，由于存在实施金融混业集团资本监管不是金融混业集团风险降低的原因，资本监管在某些金融混业集团中失效的现象。因此，必须改革我国金融混业集团产权制度、建立显性的存款保险制度、加强市场约束是我国金融混业集团降低风险、提高资本监管有效性的基础。

第四，建立我国金融业的混业监管体系。目前，实行严格的分业经营制度存在一些副作用，但在经济和金融体制转轨时期却是一种现实和有效的制度安排。实行金融混业集团经营需要两个最基本的条件：一是金融混业集团必须具备有效的内控约束机制和较强的风险管理意识；二是金融监管当局的金融监管能力较强，有完备的金融监管法律体系和较高的金融监管效率。在缺乏有效的内控和监管措施的情况下，金融混业集团不仅不会分散风险，还可能催生更大的风险。因此，目前在一段时间内，我国银行、证券、保险分业经营、分业管理的局面是与金融业的经营管理水平、金融市场的发育程度、金融法律制度的健全程度等方面均处于较低层次的现状相吻合的，它更多注重的是金融体系的安全稳健和风险的可控性。从长远看，我国应建立一个统一的机构从事综合金融管理，负责统一制定我国金融业的发展规划，通盘考虑和制定金融法律、法规，协调监管政策和监管标准，监测和评估金融部门的整体风险，集中收集监管信息，统一调动监管资源。现有银监会、证监会、保监会的这种分业监管体系不利于我国金融混业集团的发展，分业监管体系在金融监管机构之间的监管协作、资料交流、业务协调、划清不同金融业务的主监管人等方面都存在困难，存在重复监管和监管漏洞的问题。因此，应建立一个统一的金融业管理机构从事综合金融业的管理。其主要职责是：制定金融业发展的法律法规；研究银行、证券、信托和保险监管中的有关重大问题；研究银行、证券和保险业务创新及其监管问题；研究银行、证券、信托和保险对外开放及监管政策等。

第五，建立和完善金融混业集团发展的法律法规。建立和完善金融混业集团发展的法律法规的出发点是金融混业集团的发展既要考虑到其金融监管的重要性，又要注意货币政策的独立性，同时，既要维护金融监管的统一性，又要保证混业监管的优越性。面对当前的国际国内金融形势，我国应建立和完善金融混业集团发展的立法。尽快颁布《金融混业集团法》，调整《商业银行法》、《证券法》和《保险法》，以扩展金融机构的业务发展空间，拓宽金融机构的资金运用渠道，更好地促进我国金融混业集团的健康发展。

三、进一步研究建议

本书主要采用了理论规范和博弈论及计量经济学方法来研究金融混业集团主导下银行的资本监管问题。但是，运用博弈论和计量经济学方法对资本监管问题的研究远没有结束，笔者在研究过程中还发现了其他一些可以研究的问题：

第一，运用委托代理理论对监管当局与金融混业集团、金融混业集团股东与经理人的双重博弈关系进行分析。一是监管当局与金融混业集团的关系主要是提供存款保险与资本充足率监管，这将对银行的资产项目选择造成影响。监管当局监管目标主要是防范金融混业集团系统风险与保持金融体系稳定，而金融混业集团只考虑有限责任和内部风险控制。这一层利益冲突可以算是银行外部的委托代理问题。二是银行的所有权与经营权分离，导致了银行内部的经理层的道德风险。当前分别研究上述两方面问题的文章比较多，但是把这两个方面一起考虑的文章不多，我国的特殊国情是：初始委托人缺位，即代表国有股权的最初委托人缺位，使得双重委托代理关系的中间层缺失。如何结合我国国情对金融混业集团主导下银行的资本监管问题进行双重博弈是今后研究的重要方面。

　　第二，市场力量监管是近期国际学术界有关银行监管的重要实证文章验证的有效监管方式。笔者认为，如何创造市场参与方介入监管的动力这一问题是今后用博弈论和信息经济学研究的重点。

参考文献

［1］ Diamond, D., & Dybvig, P. Bank runs, deposit insurance, and liquidity ［J］. Journal of Political Economy,1983, 91 (3), pp. 401～419.

［2］ Bhattacharya, S., M. Plank, G. Strobl and J. Zechner. Bank Capital Regulation with Random Audits ［R］. FMG discussion paper 354, LSE, London, UK, 2000.

［3］ Flannery, M., Capital regulation and insured banks' choice of individual loan default rates ［J］. Journal of Monetary Economics,1989, 24, pp. 235～258.

［4］ Dewatripont, M., Tirole, J., The prudential regulation of banks ［R］. MIT Press,Cambridge, 1995, 3.

［5］ Friedman L. A competitive bidding strategy ［J］. Operations Research,1956, 4 (1), pp. 104～112.

［6］ Kim, D. and A. P. Santomero. Risk in banking and capital regulation ［J］. Journal of Finance,1988, 43, pp. 1219～1233.

［7］ George G. Kaufman. How Should Financial Institutions and Markets Be Structured? ［J］. Analysis and Options for Financial System Design,2000.

［8］ Stijn Claessens, Daniela Klingebiel, Sergio L. Schmukler The Future of Stock Exchanges in Emerging Economies: Evolution and Prospects ［J］,2003.

［9］ 周小川：《保持金融稳定防范道德风险》［J］,《金融研究》, 2004 年第 4 期。

［10］ 侯杰、余珊萍：《对我国金融控股公司内部交易问题的监管措施研究》［J］,《现代管理科学》, 2005 年第 1 期, 第 16～17 页。

［11］ Kim, D., Santomero, A. Risk in banking and capital regulation ［J］. Journal of Finance,1997, 43, pp. 1219～1233.

［12］ Freixas X. and J. C. Rochet. Fair Pricing of Deposit Insurance: Is it Possible? Yes, Is it Desirable? ［J］. University of Pompeu Fabra,1995, pp. 5～6.

［13］ Dreyfus, S. E., and A. M. Law. The Art and Theory of Dynamic Programming [R]. New York: Academic Press, 1997.

[14] Boot, A., Greenbaum, S. Bank regulation, reputation and rents theory and policy implications. In: Mayer, C., Vives, X. (Eds.), Capital Markets and Financial Intermediation [J]. Cambridge University Press, Cambridge, 1993, pp. 262~285.

[15] Giammarino, R. M., Lewis, T. R., Sappington, D. An incentive approach to banking Regulation [J]. Journal of Finance,1993, 48, pp. 1523~1542.

[16] Growth, Inequality and Poverty: Looking Beyond Averages [R]. Martin World Development, November 2001.

[17] Enrica Detragiache, Thierry Tressel, and Poonam Gupta. Foreign Banks in Poor Countries: Theory and Evidence [R]. D. IMF Working Paper. 2006, pp. 4~6.

[18] 孙杨:《商业银行道德风险与存款保险定价研究》[J],《产业经济研究》, 2005 年第 5 期。

[19] Kahane, Y. Capital adequacy and the regulation of financial intermediaries [J]. Journal of Banking and Finance,1977, 1, pp. 207~218.

[20] Koehn, M. and A. M. Santomero. Regulation of bank capital and portfolio risk [J]. Journal of Finance,1980, 35, pp. 1235~1244.

[21] Keeley, M. C. and F. T. Furlong. A reexamination of mean-variance analysis of bank capital regulation [J]. Journal of Banking and Finance,1990, 14, pp. 69~84.

[22] Gennotte, G. and D. Pyle. Capital controls and bank risk [J]. Journal of Banking and Finance,1991, 15, pp. 805~824.

[23] Rochet, J. Capital requirements and the behaviour of commercial banks [J]. European Economic Review, 1992, 36, pp. 1137~1178.

[24] Saunders, A., E. Strock, and N. G. Travlos. Ownership structure, deregulation, and bank risk taking [J]. Journal of Finance, 1990, 45, pp. 643~654.

[25] Besanko, D. and G. Kanatas. The regulation of bank capital: Do capital standards promote bank safety? [J]. Journal of Financial Intermediation, 1996, 5, pp. 160~183.

[26] Blum, J., Hellwig, M. The macroeconomic implications of capital adequacy requirements for banks [J]. European Economic Review, 1995, 39,

pp. 739 ~ 749.

[27] Stephen, Schaefer. Non-Linear Value-at-Risk [M],1998.

[28] Santos, J. A. C. Bank capital regulation in contemporary banking theory: A review of the literature [R]. BIS working,2000, 9, p. 90.

[29] Hellmann, T. F., K. C. Murdock, and J. E. Stiglitz. Liberalization, moral hazard in banking, and prudential regulation: Are capital requirements enough? [J]. American Economic Review, 2000, 90, pp. 147 ~ 165.

[30] Calem, P. S. and R. Rob. The impact of capital-based regulation on bank risk-taking: A dynamic model, Board of Governors of the Federal Reserve System [J]. Finance and Economics Discussion Series,1996, 96, pp. 12 ~ 36.

[31] Craig Furfine. Risk Assessment for Banking Systems [M],2000.

[32] Kupiec, Paul H. and James M. O'Brien. The Pre-Commitment Approach: Using Incentives to Set Market Risk Capital Requirements, Federal Reserve Board [M]. Finance and Economics Discussion Series, 1995, March, p. 14.

[33] Mingo. Random Unitaries in Non-Commutative Tori, and an Asymptotic Model for Q-Circular Systems [M],1975.

[34] Keeley, M. C. Bank capital regulation in the 1980s: Effective or ineffective, Federal Reserve Bank of San Francisco Economic Review [M]. 1988, Winter, pp. 1 ~ 20.

[35] Shrieves, R. and D. Dahl. The relationship between risk and capital in commercial banks [J]. Journal of Banking and Finance,1992, 16, pp. 439 ~ 457.

[36] Aggarwal R. and K. Jacques. A simultaneous equation estimation of the impact of prompt corrective action on bank capital and risk [J]. Journal of Banking and Finance,2001, 25, pp. 1139 ~ 1160.

[37] Wall, L. D., and D. R. Peterson. The effect of capital adequacy guidelines on large bank holding companies [J]. Journal of Banking and Finance,1987, 11, pp. 581 ~ 606.

[38] Wall, L. D, and D. R. Peterson. Bank holding company capital targets in the early 1990s: The regulators versus the markets [J]. Journal of Ranking and Finance,1995, 19, April.

[39] Furlong, R., Changes in bank risk-taking, Federal Reserve Bank of San Francisco Economic Review [M]. 1988, Spring, pp. 45 ~ 56.

[40] Sheldon, G. Capital adequacy rules and the risk-seeking behavior of banks:

A firm-level analysis [J]. Swiss Journal of Economics and Statistics, 1996, 132, pp. 707 ~ 734.

[41] Avery, R. B. , A. B. Berger. Risk-based capital and deposit insurance reform [J]. Journal of Banking and Finance, 1991, 15, pp. 847 ~ 874.

[42] Haubrich, J. G. and Wachtel, P. Capital requirements and shifts in commercial bank portfolios [R], Federal Reserve Bank of Cleveland Economic Review, 1993, 29, pp. 2 ~ 15.

[43] Jacques, K. and P. Nigro. Risk-based capital, portfolio risk, and bank capital: Asimultaneous equations approach [J]. Journal of Economics and Business, 1997, 49, pp. 533 ~ 547.

[44] Hancock, D. , and J. A. Wilcox. Has there been a capital crunch in banking? The effects on bank lending of real estate market conditions and bank capital shortfalls [J]. Journal of Housing Economics, 1993, 3, pp. 31 ~ 50.

[45] Hancock, D. , and J. A. Wilcox. The Credit Crunch and Availability of Credit to Small Business [J]. Journal of Banking and Finance, 1998, 4, pp. 99 ~ 123.

[46] Maria C. , Govanni M. The Macroeconomic Impact of Bank Capital Requirements in Emerging Economies [J]. Journal of Banking and Finance, 2002, 26, pp. 881 ~ 904.

[47] Edward S. Prescott. The Pre-commitment Approach in a Model of Regulatory Banking Capital, Economic Quarterly [M], 1997, 83, pp. 23 ~ 50.

[48] Arupratan Daripa and Simone Varotto. Agency incentives and reputational distortions: A comparison of the effectiveness of Value-at-Risk and Pre-commitment in regulating market risk, Bank of England [M], 1997, pp. 142 ~ 6753.

[49] Bensaid B. , H. Pages and J. C. Rochet. Effcient Regulation of Banks Solvency [R]. Working Paper, 1993, 20.

[50] Jean-Charles Rochet. Solvency Regulation and the Management of Banking Risks [J]. European Economic Review, 1999, 43, pp. 982 ~ 990.

[51] Milne, A. , Elizabeth Whalley, A. Bank capital regulation and incentives for risk-taking, Mimeo [N]. City University Business School, London, 2001. Available from < http: //www. staff. city. ac. uk/amilne >.

[52] 陈忠阳：《新巴塞尔资本协定回顾与启示》[J]，《金融时报》，2004 年第 1 期。

[53] 陈正虎:《国有商业银行改造的股权结构选择》[J],《经济学家》, 2001年第4期。

[54] 张杰:《国有银行的存差:逻辑与性质》[J],《金融研究》,2003年第6期。

[55] 郑鸣、陈捷琼:《国有商业银行发行次级债券补充资本金的研究》[J],《国际金融研究》, 2002年第10期。

[56] Rochet, J. Capital requirements and the behaviour of commercial banks [J]. European Economic Review,1992, 36, pp. 1137~1178.

[57] Gorton. Relationship Lending within a Bank-Based System: Evidence from European Small Business Data [M],1995.

[58] Saunders, A., E. Strock, and N. G. Travlos. Ownership structure, deregulation, and bank risk taking [J]. Journal of Finance,2000, 45, pp. 643~654.

[59] 蒲勇健、宋军:《剩余索取权对银行代理人激励机制的博弈研究》[J],《金融研究》, 2004年1期。

[60] Avery, R. B., A. B. Berger. Risk-based capital and deposit insurance reform [J]. Journal of Banking and Finance,1991, 15, pp. 847~874.

[61] Flannery, M. Capital regulation and insured banks' choice of individual loan default rates [J]. Journal of Monetary Economics,1989, 24, pp. 235~258.

[62] 韩志萍:《银行监管的微观基础和战略监管体系选择》[J],《中央财经大学学报》, 2003年10期。

[63] 陈俊龙、孔令昕、孔曙东:《银行业市场约束初探》[J],《武汉金融》, 2001年1期。

[64] 谢朝华、彭建刚:《市场约束、流动性援助与存款保险——基于银行审慎经营的激励兼容分析》[J],《中央财经大学学报》, 2007年第1期。

[65] Ayuso. Improvements in HMM-based isolated word recognition system [M],2002.

[66] Wall, L. D, and D. R. Peterson. Bank holding company capital targets in the early 1990s: The regulators versus the markets [J]. Journal of Ranking and Finance,1995, 19, April.

[67] Kashyap, A. K., Rajan, R. and Stein, J. C. Banks as liquidity providers: An explanation for the coexistence of lending and deposit-taking [J]. Journal of Finance, 2002 (57), pp. 33~73.

[68] Ho, T. S. Y. and Saunders, A. Fixed rate loan commitments, take down

risk and the dynamics of hedging with futures［J］. Journal of Financial and Quantitative Analysis,1983, 18, pp. 499～516.

［69］Hawkins, G. D. An analysis of revolving credit agreements［J］. Journal of Financial Economics,1982, 10, pp. 59～81.

［70］Hauser, S. and Lauterbach, B. Empirical tests of the Long staff extendible warrant model［J］. Empirical Finance,1996 (3), pp. 1～14.

［71］谢平:《现代金融监管理论和中国金融监管中的问题》[J],《南方金融》,2001 年第 1 期。

［72］阎庆民:《金融全球化中央银行监管有效性分析》［J］,《金融研究》,2002 年第 2 期。

［73］刘笑萍:《金融创新与金融风险的内在机理和外在表现》[J],《金融会计》,2002 年第 1 期。

［74］张亦春:《金融安全与金融创新相辅相成》［J］,《现代商业银行》,2002 年第 7 期。

［75］巴曙松:《巴塞尔新资本协议与银行监管新核心》［J］,《财经界》,2003 年第 1 期。

［76］尹龙:《金融创新理论的发展与金融监管体制演进》［J］,《金融研究》,2005 年第 3 期。

［77］Hayashi, F., & Prescott, E. The 1990s in Japan: A lost decade. Review of Economic Dynamics［M］.2002, 5 (1), pp. 206～235.

［78］Calomiris Charles. Banking Approaches the Modern Era, Regualtion［M］. summer 2002.

［79］Holmstrom, B., & Tirole, J. Financial intermediation, loanable funds, and the real sector［J］. Quarterly Journal of Economics,1997, 112 (3), pp. 663～691.

［80］Repullo, R., & Suarez, J. Entrepreneurial moral hazard and bank monitoring: A model of the credit channel［J］. European Economic Review,2000, 44 (10), pp. 1931～1950.

［81］Kopecky, K., & VanHoose, D. Bank capital requirements and the monetary transmission mechanism［J］. Journal of Macrocconomics, 2004, 26 (3),pp. 443～464.

［82］Ennis, H. Loanable funds, monitoring and banking European［J］. Finance Review, 2001, 5 (1), pp. 79～114.

[83] Chen, N. Bank net worth, asset prices and economic activity [J]. Journal of Monetary Economics,2001, 48 (2), pp. 415 ~ 436.

[84] Bernanke, B. , & Gertler, M. Agency cost, net worth, and business fluctuations [J]. American Economic Review,1989, 79 (1), pp. 13 ~ 31.

[85] Bernanke, B. , Gertler, M. & Gilchrist, S. The financial accelerator in a quantitative business cycle framework, In [J]. Taylor & M. Woodford, The handbook of macroeconomics [M]. 1999, pp. 1341 ~ 1393, North Holland.

[86] Meh, C. , & K. Moran. Bank capital, agency costs, and monetary policy [R]. Working Paper,2004, 6, Bank of Canada.

[87] Diamond, D. Financial intermediation and delegated monitoring [J]. Review of Economic Studies,1984, 51 (3), pp. 393 ~ 414.

[88] Milne, A. , Elizabeth Whalley, A. Bank capital and risk taking [R]. Bank of England Working Paper, 1999, 90, available on the Bank of England Website.

[89] Milne, A. , Elizabeth Whalley, A. Bank capital regulation and incentives for risk-taking, Mimeo [R]. City University Business School,London, 2001. Available from < http: //www. staff. city. ac. uk/amilne >.

[90] Modigliani, F. , Miller, M. H. The cost of capital, corporation finance, and the theory of investment [J]. American Economic Review,1958, 48, pp. 261 ~ 297.

[91] Furlong, F. and N. Keeley. A Reexamination of Mean-Variance Analysis of Bank Capital Regulation [J]. Journal of Banking and Finance,1990, pp. 69 ~ 84.

[92] Kim, D. and A. M. Santomero. Risk in Banking and Capital Regulation [J]. Journal of Finance, 1988, 43, pp. 1219 ~ 1233.

[93] Rochet, J. C. Capital Requirements and the Behaviour of Commercial Banks [R]. European Economic Review,1992, 43, pp. 981 ~ 990.

[94] Thakor, A. V. Capital Requirements, Monetary Policy, and Aggregate Bank Lending [J]. Journal of Finance,1996, 51 (1), pp. 279 ~ 324.

[95] Bernanke, B. and C. Lown . The Credit Crunch [R]. Brookings Papers on Economic Activity, 1991, 2, pp. 205 ~ 247.

[96] Jackson, P. , C. Furfine, H. Groeneveld, D. Hancock, D. Jones, W. Perraudin, L. Redecki and N. Yoneyama. Capital Requirements and

Bank Behaviour: The Impact of the Basel Accord, Basel Committee on Bank Supervision [R]. 1999, Working Paper 1.

[97] Peek, J. and E. Rosengren. Bank Capital Regulation and the Credit Crunch [J]. Journal of Banking and Finance,1995, 19, pp. 679 ~ 692.

[98] Hellwig, M. Banks, Markets, and the Allocation of Risk [J]. Journal of Institutional and Theoretical Economics,1998, 154, pp. 328 ~ 345.

[99] Blum, J. Do Capital Adequacy Requirements Reduce Risks in Banking? [J]. Journal of Banking and Finance,1999, 23, pp. 755 ~ 771.

[100] Hancock, D. , A. J. Laing and J. A. Wilcox. Bank Capital Shocks: Dynamic Effects and Securities, Loans, and Capital [J]. Journal of Banking and Finance,1995, 19, pp. 661 ~ 677.

[101] Leland, H. and K. B. Toft. Optimal Capital Structure, Endogenous Bankruptcy, and the Term Structure of Credit Spreads [J]. Journal of Finance, 1996, 51 (3), pp. 987 ~ 1019.

[102] Ericsson, J. Asset Substitution, Debt Pricing, Optimal Leverage and Maturity, Finance. 2000, 21 (2), pp. 39 ~ 70.

[103] Leland, H. Agency cost, risk management and capital structure, Journal of Finance [M]. 1998, 53, pp. 1213 ~ 1243.

[104] Fries, S. , P. Mella-Barral, and W. Perraudin. Optimal Bank Reorganisation and the Fair Pricing of Deposit Guarantees [J]. Journal of Banking and Finance,1997, 21, pp. 441 ~ 468.

[105] Mauer, D. C. and S. H. Ott, Agency costs, Underinvestment, and Optimal Capital Structure: The effect of Growth Options to Expand, in M. J. Brennan and L. Trigeorgis (eds), Innovation, Infrastructure and Strategic Options [M]. 1999, London: Oxford University Press.

[106] Myers, S. Determinants of Corporate Borrowing [J]. Journal of Financial Economics,1977, 5, pp. 147 ~ 175.

[107] Anderson, R. and S. Sundaresan. Design and Valuation of Debt Contracts [J]. Review of Financial Studies,1996, 9, pp. 37 ~ 68.

[108] Mella-Barral P. The dynamics of Default and Debt Reorganization [J]. Review of Financial Studies, 1999, 12 (3), pp. 535 ~ 579.

[109] Merton, R. C. On the Pricing of Corporate Debt: The Risk Structure of Interest Rates [J]. Journal of Finance,1974, 29, pp. 449 ~ 469.

[110] Leland, H. Risky Debt, Bond Covenants and Optimal Capital Structure [J]. Journal of Finance,1994, 49, pp. 1213 ~ 1252.

[111] Dangl, T. and Lehar A.. Basle Accord vs Value-at-Risk Regulation in Banking [R]. discussion paper,Department of Business Studies, University of Vienna, 2001, Vienna, Austria.

[112] Calem, P. S. and Rob, R. The impact of capital-based regulation on bank risk-taking: A dynamic model [M]. Federal Reserve Board Finance and Economics Discussion Series,1996, pp. 96 ~ 112.

[113] Milne, A. and A. E. Whalley . Bank Capital Regulation and Incentives for Risk-Taking [R]. discussion paper, City University Business School, 2001, London, UK.

[114] Black, F. and J. C. Cox. Valuing Risky Debt: Some Impact of Bond Covenants [J]. Journal of Finance,1976, 31, pp. 351 ~368.

[115] Merton, R. On the cost of deposit insurance when there are surveillance costs [J]. Journal of Business,1978, 51, pp. 439 ~452.

[116] Basel Committee. A New Capital Adequacy Framework [M]. Consultative paper issued by the Basel Committee on Banking Supervision (BCBS), Basel, Switzerland, 1999.

[117] Basel Committee. The New Basel Capital Accord, BCBS [M]. Basel, Switzerland, 2001.

[118] Gehrig, T. Capital adequacy rules: Implications for banks' risk-taking. Swiss [J]. Journal of Economics and Statistics,1995, 131, pp. 747 ~764.

后　记

　　2008 年本书即将成稿之际，正值美国次贷危机引发的全球金融危机全面爆发并不断深化之时，银行业作为最重要和最具代表性的金融中介，在这场危机中不但首当其冲，而且受害面还在不断扩大。如果说在此之前 1929 年的经济大危机对我们来讲还是隔靴搔痒，那么正在发生的全球金融危机让我们真正体会到金融风险及银行危机距离我们并不遥远。在这次危机中，曾经风光无限的投资银行无一幸免，要么倒闭，要么被国有化，要么被大的传统银行收购。很多人开始质疑金融自由化，现行的金融监管体系受到了前所未有的广泛批判。可以预见，在不远的将来，各国的金融监管模式会有很大的改变，金融监管力度也一定会加强。作者从 2003 年就开始进行有关银行监管的研究，本书是在多年研究成果汇总的基础上修改而成，希望能对今后的金融监管提出一些有指导意义的理论及政策建议。

　　衷心感谢重庆大学经济与工商管理学院刘星教授、冉光和教授、曹国华教授、周孝华教授、冉茂盛教授、任玨珑教授、陈其安副教授、宋针基副教授，以及西南大学谢家智教授、王钊教授对本书的指点！

　　感谢杨柏教授夫妇、岳中志教授夫妇、周兵教授、远在香港大学攻读博士学位的陈斌博士、李惠彬博士、徐懿博士、何君光博士、党文娟博士、李木祥副教授、杨谊、代春燕等，在本书资料搜集中给予的热情支持！

　　感谢重庆大学对本书出版的资助！

　　谨以此书回报所有关心、支持我们完成此项研究的人！

刘夏　蒲勇健

2009 年 3 月　于重庆